新版

それいけ！

子どものスポーツ栄養学

NUTRITION FOR JUNIOR ATHLETES

Revised Edition

山形大学

矢口 友理

健学社

目次

第１章　基礎編

第２章 上級編

第３章

フィジカル編

第４章

メディカル編

イラスト・日南田淳子

第1章

基礎編

スポーツをする子としない子の食事は違うの？

スポーツをしているからといって、特別な食事は必要なし

スポーツをしている子どもは、スポーツをしていない子どもに比べて運動で多くの栄養素を必要としています。また、体はまだ小さくても成長期にあるので、子どもは大人と同じくらいかそれ以上の栄養素を必要としています。だからといって、家族とはまったく別の食事を用意する必要はありません。大人やスポーツをしない子どもよりも食事のボリュームや栄養素をアップさせるだけでよいのです。雑誌《ざっし》やテレビでとり上げられているような健康効果を期待して特定の栄養素、特定の食品ばかりとることはやめましょう。また、小・中学生の時期は望ましい食習慣を形成する時期なので、家族みんなで食卓《しょくたく》を囲み楽しい食事時間を過ごすことも大切です。

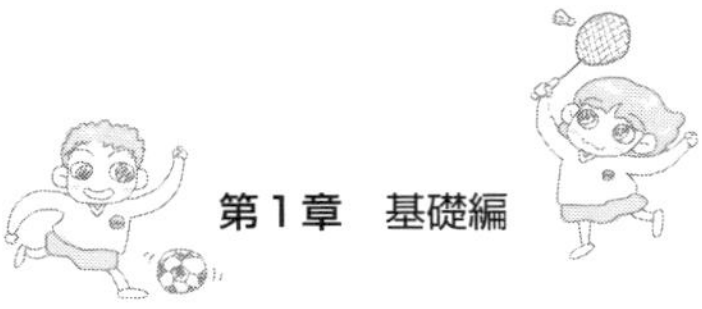

糖質《とうしつ》は多めに、脂質《ししつ》は適量に

スポーツ活動によって利用されるエネルギー源《げん》には、おもに糖質と脂質があります。最近の子どもの食生活は洋風化が進み、ご飯などの糖質源の摂取量《せっしゅりょう》が減る一方で油脂《ゆし》を使った料理や菓子《かし》を多くとる傾向《けいこう》にあります。スポーツをしている子どもはしない子どもよりも運動で多くのエネルギーを必要としているので、ご飯やパンなどの主食を十分にとり、糖質を補給《ほきゅう》しましょう。また、脂質のとりすぎは体脂肪《たいしぼう》を蓄積《ちくせき》させてしまうことにもつながり、スポーツ選手にはマイナスとなります。脂質のとりすぎを避《さ》けるためには、「肉ばかりに偏《かたよ》らない」「揚《あ》げ物など油を多く使う料理に偏らない」「サラダにかけるドレッシングやマヨネーズの量」といった点に注意しましょう。

たんぱく質を十分にとろう

トレーニング後の安静時や睡眠《すいみん》中に、私たちの体内では筋肉《きんにく》合成が活発になるので、スポーツをする子どもはトレーニングの直前あるいは直後にアミノ酸およびたんぱく質を十分にとらなければなりません。1日のたんぱく質摂取量は、スポーツをする子どもでは体重1kg当たり1.5g程度は必要でしょう。たんぱく質を豊富に含む食品には、肉類、魚介《ぎょかい》類、牛乳・乳製品、卵《たまご》などの動物性食品と、豆類、種実類、穀《こく》類、いも類、でんぷん類などの植物性食品があります。動物性たんぱく質は植物性た

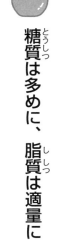

んぱく質に比べて、アミノ酸バランスに優《すぐ》れているという長所をもっていますが、逆に脂質を多く含むという短所をもっています。たんぱく質源は動物性食品ばかりに偏らないよう、多種類の植物性食品と組み合わせてとるようしましょう。また、牛乳や乳製品を毎食とり入れましょう。ほかにも、野菜や海藻《かいそう》などのおかずも必ずとり入れ、必要なビタミンやミネラル（無機質）をとるようにしましょう。

間食（おやつ）にも注意しよう

間食だからといって、甘《あま》いお菓子やジュースばかり食べたり飲んだりしないようにしましょう。スポーツをしている子どもにとって間食というのは3度の食事で補いきれないエネルギー源や栄養素を補給するための補食《ほしょく》なのです。体づくりやコンディション調整に役立つ糖質、ビタミン、ミネラルの多い食べ物を選ぶようにしましょう。具体的には、おにぎり、パン、牛乳・乳製品、果物です。とくに果物は3度の食事にも積極的にとり入れるようにしましょう。

主食はしっかり食べ、油はとりすぎに注意しよう！

ご飯などの主食をきちんととり、油のとりすぎは避けよう！

たんぱく質はいろいろな食品からとろう！

たんぱく質は動物性食品ばかりに偏らないよう、多種類の植物性食品を組み合わせてとろう！

おやつは「補う食事」です！

おやつにはお菓子やジュースではなく、おにぎり、乳製品、果物を選ぼう！

スポーツ選手にとって朝食は大事なの？

朝食の役割

夕食をおなかいっぱい食べて十分なエネルギーをとっても、朝起きるころには体内のエネルギーは空っぽになっています。なぜなら、睡眠《すいみん》時でも脳などの臓器《ぞうき》は絶えず働いているため、夕食でとったエネルギーは脳などを動かすためにすべて使われてしまうからです。朝食の大きな役割は、このように空っぽになってしまったエネルギーを体内にとり入れることです。とくに脳はエネルギーを蓄えることができないばかりでなく、エネルギー源として糖質《とうしつ》（ブドウ糖）に大きく依存《いそん》しているので一日のスタートには朝食で糖質の補給《ほきゅう》が必要です。英語で朝食を〝breakfast〟といいますが、もともとの意味は「飢《う》え（fast）」を「破る（break）」というものです。朝食の大切な役割を示していますね。

また朝食は、睡眠によって低下した体温を高めることで脳や体を刺激《しげき》する役目も果たします。他にも、朝食をとることで胃や腸が活発に動きだし朝のお通じがよくなるので、便秘《べんぴ》の解消には朝ご飯を食べた後にトイレに行く習慣をつけましょう。朝食は、その日一日の活動のための大事なウオーミングアップなのです。

朝食を抜くとどうなるのかな?

脳《のう》はブドウ糖《とう》をおもなエネルギー源とし、しかもブドウ糖を蓄《たくわ》えておくことができません。ですから、朝食抜《ぬ》きでは脳はエネルギー不足になってしまいます。そして、食事でとったブドウ糖が脳に行き届《とど》くまでには2時間程度かかります。もし朝食を抜いてしまうと、12時の昼食が最初の食事になります。昼食でとったブドウ糖が脳でエネルギーとして使われだすのは2時過ぎ。つまり、朝食抜きでは、日中のほとんどの時間をエネルギー不足の脳で過ごすことになります。そのため、ボ~っとして学校の授業の能率が上がらないとか、おなかがすいているためにイライラするといった悪影響《あくえいきょう》を及ぼします。

文部科学省が全国の小・中学生を対象に実施している学力テストでも、朝食をきちんととる子どもほど学力テストの平均点が高いという、学習と生活習慣の関連を示す調査結果が出ています。

朝食抜きでは勝てない！

クラブなどの試合は朝から始まるのが通常です。短期間で予選から決勝戦まで行う高校野球などでは、夕方4時ごろから試合開始ということもありますが、それ以外で夕方から試合開始というのはプロ野球やJリーグのようなプロスポーツやテレビ放送のあるようなハイレベルのスポーツに限られた試合でしかありません。

試合では体を動かすための体力やどのようなプレーをするのがよいかを判断する力が必要ですが、体を動かすのも「判断する」という働きをする脳も、エネルギー源となる食事がなければ働かないのです。朝から始まる試合で体と脳をフル回転させるためには、朝食は絶対に欠かしてはいけません。朝食抜きはエネルギー切れ、クルマでいえばガソリン切れと同じです。エネルギー切れの体では勝てませんし、脳が働かないので不注意によるけがの原因にもなります。

朝食と健康状態

『平成22年度 児童生徒の食生活等実態調査』（(独)日本スポーツ振興センター）の結果より、朝食を抜く児童・生徒ほど「立ちくらみやめまいを起こす」「体のだるさや疲《つか》れを感じる」「朝なかなか起きられず、午前中の体の調子が悪い」という不《ふ》定《てい》愁《しゅう》訴《そ》を呈《てい》する割合《わりあい》が高いことが明らかになりました。

朝食は体の ウオーミングアップ！

朝食は体を温めるため、スムーズに運動を始めることができます。

朝食抜きでは勝てないぞ！

試合で体と脳をフル回転するために、朝食は絶対に欠かしてはいけません。

朝食で毎朝エネルギー補給！

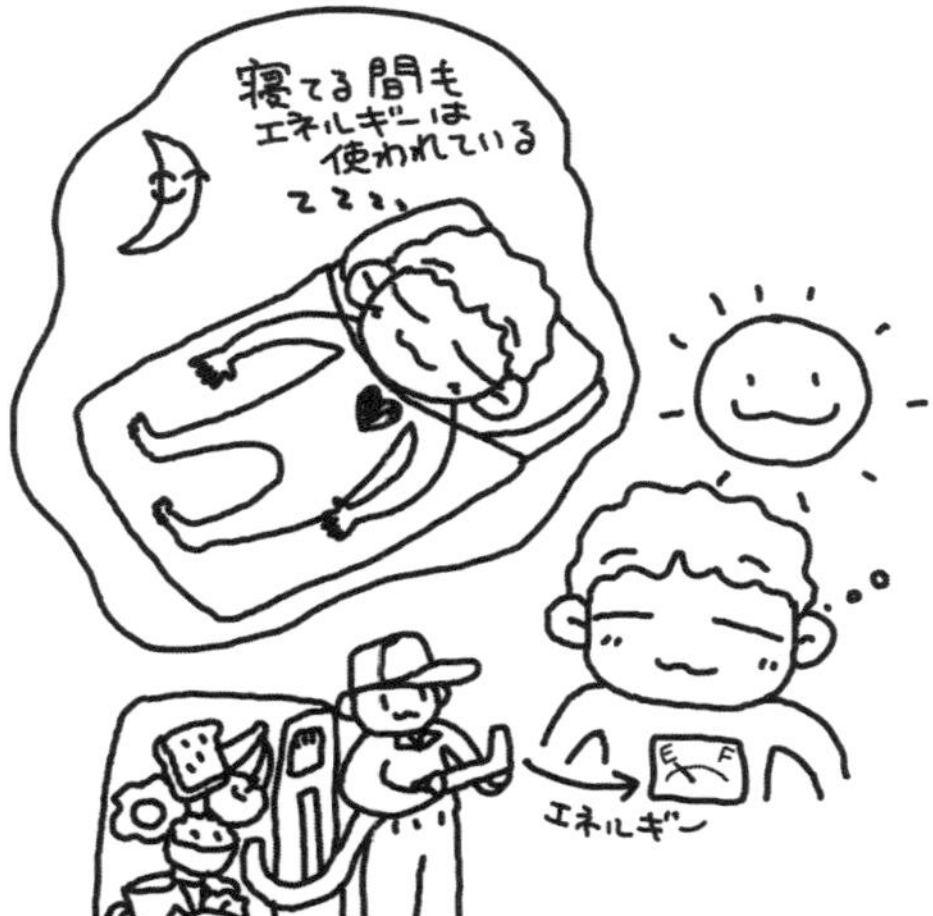

眠っている間もエネルギーは使われます。朝食抜きではエネルギー切れになってしまいます。

朝食をしっかりとって強い選手に！

朝食をとらない子ほど、体の調子は悪くなります。しっかり食べて強い選手になろう！

日ごろから立ちくらみやめまいを起こしたり、だるい・疲れたと訴《うった》えることの多い人がハードな練習に耐《た》えて試合で勝てるような強い選手になれるでしょうか。朝食をしっかりとってハードな練習をこなし、試合で勝てるような強い選手をめざしましょう。

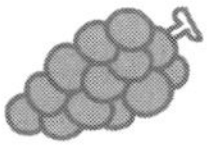

おいしく朝食をとるためには?

なぜ朝食を食べない、食べたくないのかというと、部活後の塾《じゅく》通いなどで夕食時刻《じこく》が遅《おそ》くなったり、夜食が多かったりして朝起きても食欲《しょくよく》がわかないということがあります。また夜ふかしをしたために朝起きる時刻が遅くなり、ゆっくり食事をとる時間がないこともその理由です。部活後の通塾で帰りが遅くなるときは、塾に行く前に家で軽い間食をとるとよいでしょう。間食をとることで夕食の食べすぎを防ぐことができます。間食にはお菓子《かし》やジュースを避《さ》け、おにぎりやパン、果物、乳製品《にゅうせいひん》を選びましょう。そして、できるだけ夜食を控《ひか》え、夜ふかしをせずに早めに寝て、時間に余裕《よゆう》をもって起きるのが、おいしく朝食を食べるためにはとても大切なことです。

朝食の役割とは？

朝食は眠っている間に体内で空になったエネルギーを補給する大切な食事です。

朝食をとらないと体はエネルギー不足に！

食事でとった糖質が脳に届くまでは２時間かかります。朝食をとらないと昼過ぎまで脳はエネルギー不足となります。

朝食をおいしくいただくには？

部活後の通塾などで帰りが遅くなるときは、おにぎりやパン、果物や乳製品で軽い間食をとり、遅い時間の夕食の食べすぎを防ごう。

夜食を控え、夜ふかしはしない！

できるだけ夜食を控え、夜ふかしをせずに早めに寝よう。

ご飯を食べよう！

ご飯はどんなおかずとも相性がいい

パンの原料となる小麦はそのほとんどを外国からの輸入に頼っています。最近では米飯給食を実施する回数が増加しているという学校も多くなりました。これを機会にご飯のよさを見直してみましょう。

ご飯のいいところは、どんなおかずにも合うということです。魚を食べるとき、ご飯では刺《さ》し身《み》でも揚《あ》げ物でもおいしく食べられますが、パンではカルパッチョやムニエルのように油を加えないとおいしく食べられません。肉でも、しゃぶしゃぶのように脂《あぶら》を落としても、から揚げにしてもおいしく食べられますが、パンにしゃぶしゃぶは合いません。野菜でも、ご飯ではお浸《ひた》しや酢《す》の物でも野菜ソ

テーでも食べられますが、パンでは必ずマヨネーズやドレッシング（近年ではノンオイルも多く出回っていますが）、バターや油を使います。このようにパンでは必ず油を加えた料理が組み合わさるのに対し、白いご飯を主食とすると油の少ない料理から油の多い料理まで幅《はば》広い料理を食べることができます。また、昼にボリュームのある食事だったから夜はあっさりした食事、と一日の中でも幅広いメニューを選択《せんたく》できます。

スポーツ選手こそ、ご飯を食べよう

ご飯食はどんなおかずにも合うため、エネルギーコントロールを容易に行えます。つまり、体が大きかったり激《はげ》しいトレーニングでエネルギーを多く必要とする場合には、丼《どんぶり》に盛《も》ったご飯と一緒《いっしょ》にこってりとしたおかずを組み合わせればよく、減量のためにエネルギーを控《ひか》えたいときにはご飯の量を少し控えめにして、脂質《ししつ》の少ないおかずを組み合わせればよいのです。脂質の少ないおかずを多種類用意して一緒にご飯を食べればエネルギーは少なくても満腹《まんぷく》感のある食事になります。しかも、ご飯食ではたんぱく質・脂質・糖質《とうしつ》の摂取の理想比率を崩すことなくエネルギーコントロールができます。これがパンになると、おかずに油脂《ゆし》を加える必要が出るため、ご飯に比べてエネルギー比率を崩《くず》さずにエネルギーコントロールをするのが難《むずか》しくなります。体重管理もスポーツ選手の仕事の一つ、スポーツ選手こそメインの主食に白いご飯を食べましょう。

ご飯と「ばっかり食べ」

おかずだけを食べ終えてから、汁物《しるもの》だけを食べ、最後にご飯を食べる、というような「ばっかり食べ」。ばっかり食べというのは洋食のフルコースの食べ方であって、日本食本来の食べ方ではないのですが、このような食べ方をする子どもが増えているという話を耳にします。ばっかり食べではおかずを優先《ゆうせん》的に食べて、淡白《たんぱく》な味の主食を残してしまう傾向《けいこう》にあるため、全体の脂質の割合《わりあい》が高くなってしまう可能性があります。また、「ご飯にふりかけがないと食べられない」ということにもなってしまいます。ピラフやリゾットのようにご飯に味をつけなくても、おかずと一緒に白いご飯を食べる日本の食文化が、バランスのとれた食事につながるのです。

ご飯のよさを見直そう！

ご飯はどんなおかずにも合い、とるエネルギー量のコントロールも容易です。

スポーツ選手こそご飯食を！

ご飯食はたんぱく質、脂質、炭水化物の摂取《せっしゅ》の理想比率を崩すことなく、さまざまな状況《じょうきょう》に対応できます。

「ばっかり食べ」は栄養に偏りが生じやすい！

おかずを先に食べて、主食を残してしまうと、食事の栄養バランスが崩れてしまうことがあります。

白いご飯を食べるのは日本人の知恵《ちえ》！

白いご飯をおかずと一緒に食べる和食の文化は、私たちの祖先が残したすばらしい知恵の１つです。

きらいなものも食べないといけないの？

強い選手になるためには、好ききらいを克服《こくふく》しよう

食べ物の好ききらいがまったくない、という人はまずいないでしょう。一つや二つ、苦手な食べ物はあることと思います。しかし、きらいだからといって食べなくてもよいということはありません。きらいなものが入っているから食べない、といっていると食べられる料理がどんどん少なくなり、結果として食事を残して、お菓子《かし》やジュースなどで空腹《くうふく》を満たすことになりかねません。お菓子やジュースをとって食事を残しているようでは、強い体をつくることも、ハードな練習に耐《た》えられるだけの体力もつきません。強い体、ハードな練習に耐えられる体力をもつ強い選手になるためには、好ききらいを克服しましょう。

野菜ぎらいを克服するための工夫

きらいな野菜をあげてもらうと、必ずといっていいほど登場するのがピーマンとにんじんです。これらの野菜には苦味や甘《あま》みといった「くせ」がありますが、これが子どもたちに嫌われる原因のようです。そこで、野菜のくせを和らげて食べやすくするために、子どもたちが大好きなマヨネーズやケチャップ味の料理にする、油のコクがプラスされる炒め物や揚《あ》げ物のような料理にしてみましょう。そのほかに、すりおろしたり、細かく切ってハンバーグや炊《た》き込《こ》みご飯の中に入れる、揚げ物の衣に混ぜるといった具合に、大好きな肉やご飯の中に入れて一緒《いっしょ》に食べられるようにするといった方法もよいでしょう。

きらいだからと決めつけないで

そもそも、なぜその食べ物をきらいになったのでしょうか。多くの人は、「小さい頃《ころ》に食べておいしくなかった」ということがきっかけで、その後は食べなくなり、きらいな食べ物となっているのではないでしょうか。しかし、私たちの味覚は成長するにしたがって変化していきます。小さいころには苦手だった食べ物も大きくなると、おいしく感じるようになるものです。その最たるものがキムチやワサビのような辛味《からみ》です。この味覚の変化はいつ来るのかわかりません。また、野菜類は品種改良が進み、以前に比べてくせが少なくなってきています。ピーマンが苦手でどうしても食べられないときは、緑色のものではなく黄色や赤のパプリカから食べてみるのもおすすめです。パプリカはくせがなく甘みがあるので、生のままサラダに入れてもおいしく食べられます。最初から「おいしくない・きらいだ」と決めつけず、食べてみましょう。試しに食べてみるのが、好ききらいを克服するきっかけになります。

好ききらいを克服して、強い選手をめざしましょう。

きらいなものにこそ“日《ひ》々《び》是《これ》挑戦《ちょうせん》”!

きらいなものがあると食べられる料理がどんどん少なくなり、強い選手への道が遠ざかります。

調理法を変えてみよう！

野菜のくせを和らげるために、炒め物や揚げ物などにして試してみよう。

味覚も成長します！

小さいころ苦手だったものも、大きくなるとおいしく感じるようになるものです。

試しに食べてみてね！

最初からおいしくないと決めつけず、試しに食べてみよう。

スポーツ選手にとって歯は大事なの？

「かむ」ことは食べ物を消化する第一歩

時間がないとき、疲《つか》れて食べる気がおきないときなど、「とりあえず、口に入れればいいや」とよくかまずにお茶やみそ汁《しる》などと一緒《いっしょ》に食事を流しこんだりしていませんか？口の中でよくかむというのは食べ物を細かくするだけではなく、だ液に含《ふく》まれている酵素《こうそ》の働きによって食べ物を消化する第一段階《だんかい》となるのです。食べ物は口の中で細かくされてだ液と混じりあった後、胃に送られてさらに消化され、腸で栄養素が吸収《きゅうしゅう》されます。しかし、よくかまず、だ液ともあまりよく混じりあわずに胃に食べ物が送られると、胃での消化に時間がかかり、胃もたれや腹痛《ふくつう》の原因となってしまいます。胃が

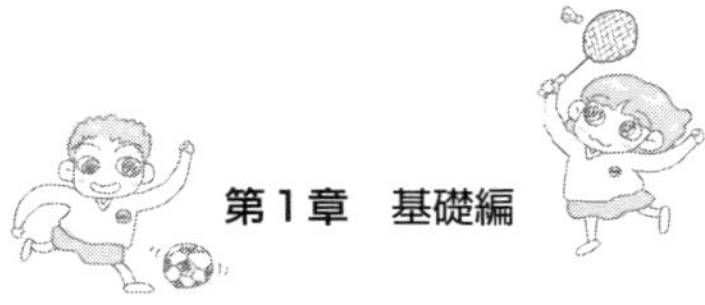

もたれたり、おなかが痛《いた》いようではハードな練習をこなすことも、集中力を要求される試合で力を出すこともできませんね。日ごろからよくかんで食べるようにしましょう。

トップ選手とむし歯

オリンピックのような大きな大会が開催《かいさい》されると、表彰《ひょうしょう》台の上でメダルを首にかけて誇《ほこ》らしげに笑っている選手の顔がテレビなどで報道されます。よく見るとメダルを取る選手はみんなきれいな白い歯をしています。金銀の歯が並《なら》んでいたり、歯が欠けている選手がメダルをとっている姿《すがた》はあまり見ませんね。トップ選手になることと、歯の健康管理をすることとは無縁《むえん》ではないようです。

むし歯になってしまうと

歯が痛いと競技に集中できないだけではなく、痛い歯をかばってかみ方が片寄《かたよ》り、体のバランスが狂うともいわれています。また、歯の痛みのために十分な量の食事をとることや食べ物をしっかりかむこともできなくなります。健康診断《しんだん》でむし歯があるといわれたにもかかわらず、まだ治療《ちりょう》していない人は、すぐに歯医者さんへ行くようにしましょう。

「練習があるから…」と、むし歯の治療を怠《おこた》っていると、ますますむし歯は悪化して練習でも試合でも力を出せなくなってしまいます。また、疲れているからと寝《ね》る前の歯みがきをサボるのもむし歯が発生しやすくなる原因です。むし歯の痛みのために練習を満足にできず、試合で力を発揮《はっき》できないというのはとても不本意なことです。強い選手をめざして、食べ物の体の入り口である「歯」の健康や手入れを見直してみましょう。

食べ物も見直そう

日ごろの食生活を見直し、丈夫《じょうぶ》な歯と歯茎をつくりましょう。歯を構成する主な成分はカルシウムです。スポーツをする子どもにはカルシウムの豊富な牛乳や乳製品を積極的にとるように勧《すす》めていますが、そのほかに海藻《かいそう》や小魚などもカルシウムを多く含みます。また、カルシウム以外のたんぱく質、ビタミン、食物繊維《しょくもつせんい》も口の中の健康には大切です。肉や魚などのおかず、野菜や果物をとり、バランスのとれた食生活を心がけましょう。

かむことは消化の第一歩！

よくかむことで消化がよくなります。かまずに流しこむと胃もたれや腹痛の原因となります。

スポーツ選手は歯が命！

歯の健康管理も強い選手になるためにはとても大切なことです。

歯をきちんとケアしよう！

疲れていても就寝前には必ず歯をみがこう！

むし歯になったら早めに治療しよう！

歯を強くするには？

好ききらいせず、いろいろな食べ物をバランスよく食べることが大切です。

運動中に水分をとってもいいの？

水分の役割

私たちの体の60～70％は水分です。水分は全身を循環《じゅんかん》して栄養素や酸素を運んだり、老廃物《ろうはいぶつ》を除去《じょきょ》したりと、体内の環境《かんきょう》を一定に保つための大切な役割《やくわり》を果たしています。また運動すると誰でも体温が上がり、汗《あせ》をかきます。汗は体外へと熱を放出し、上昇《じょうしょう》した体温を下げるための働きをします。水分は、このようにして体温調節の役割もしています。

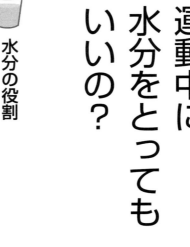

水分補給《ほきゅう》をしないと…

運動時、とくに夏場では多量の汗をかくためこまめな水分補給が必要となります。このとき、水分補給を怠《おこた》ると体温が上昇してしまい体調が悪化します。まず体重の2％にあたる水分が汗などによって奪《うば》われると競技力が低下します。そして、体重の3％にまで脱水《だっすい》が進むと、めまいや吐《は》き気をもよおし、尿量が減り、汗が出なくなります。さらに脱水が進むと、体温や脈拍・呼吸数が上昇し、幻覚《げんかく》症状《しょうじょう》が起こり、生命が危険な状態になります。

ここまでに至《いた》らなくても、適切な水分補給がされなければ、ベストコンディションで長時間の練習ができなくなってしまいます。また脱水による集中力の低下は、けがや事故にもつながります。蒸《む》し暑い季節になると「足がつる（筋《きん》けいれん、こむら返《がえ》り）」選手も多くみられますが、この原因の一つは多量の汗をかくことによる脱水です。

室内競技であっても、冷房設備がない、閉《し》め切った空間で行うもの（バドミントンなど）では室内温度が上昇《じょうしょう》するため、多量の汗をかくことがあるので注意しましょう。

いつ、どんなものを、どのくらい飲めばいいのかな

のどが渇《かわ》いた、という状態のときはすでに体内の水分が不足しています。のどが渇いてからガブガ

ブと水を飲んでしまうと胃に水がたまってしまい、よい練習ができなくなってしまいます。そこで、まず運動開始30分くらい前までに250~500mLの水分をとりましょう。そして運動中は15分おきにコップ1杯《ぱい》程度の水分をとります。このとき、10℃くらいに冷やしておくと飲みやすく、また体の中で吸収《きゅうしゅう》されやすくなります。飲み物は甘《あま》いジュースや炭酸飲料ではなく、水やスポーツドリンク類がよいでしょう。運動終了《しゅうりょう》後も忘《わす》れずに水分補給をしましょう。ただし、食事前に多量の水分をとると、それだけでおなかがいっぱいになってしまい、食事を十分に食べられなくなってしまうので注意しましょう。

私たちの体の大部分は水分！

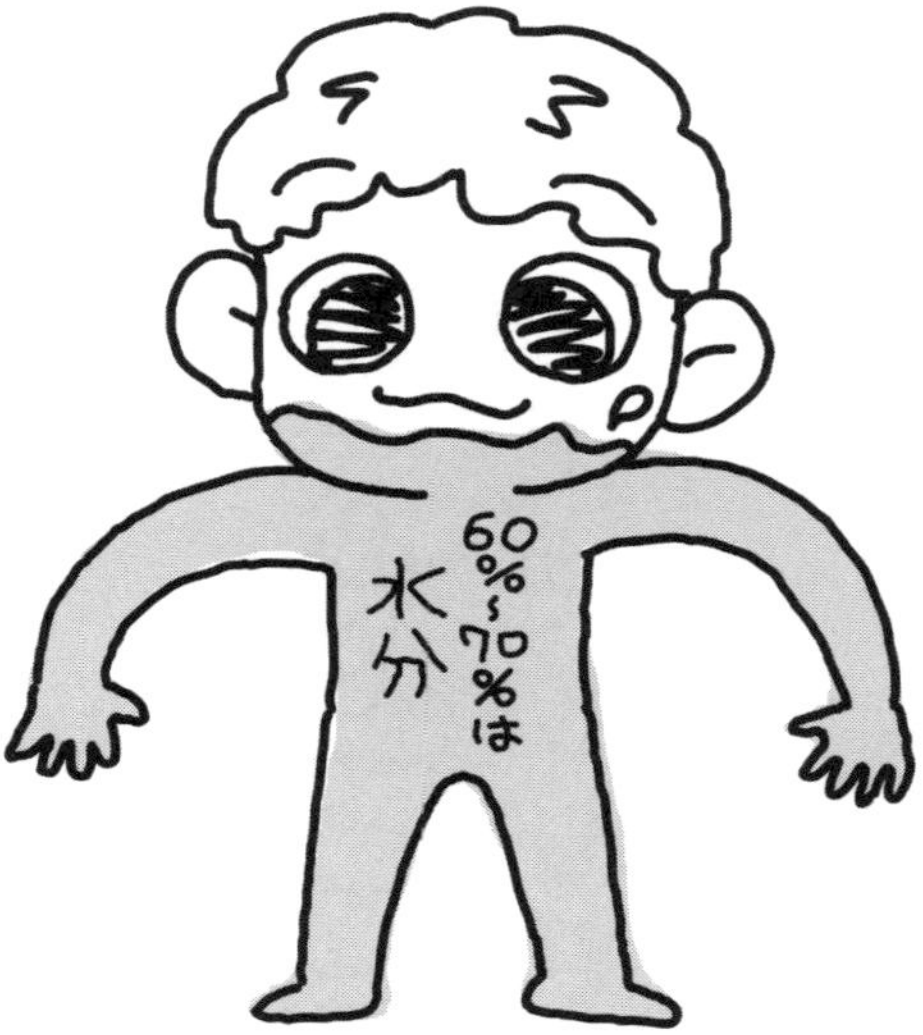

私たちの体の 60 ～ 70％は水分。体重の 2％にあたる水分が汗で出ると、競技力が低下します。

運動前に水分補給をしよう！

運動を始める 30 分前までにコップ 1 ～ 2 杯（250 ～ 500mL）の水分をとっておこう！

運動中は定期的に水分を補給しよう！

運動中はのどが渇いてからガブガブ飲むのではなく、暑い夏なら 15 分おきにコップ 1 杯程度の水分をとろう。10℃くらいに冷やすと飲みやすく、吸収されやすい。

運動後も忘れずに水分補給！

運動後も忘れずに水分補給を。でも食事前に多量にとると食事を十分にとれなくなるので注意しよう！

間食（おやつ）はとってもいいの？

間食はとってもいいの？

小学生から高校生にかけて、私たちの体は著《いちじる》しく成長します。そのうえ、スポーツのトレーニングでエネルギーをたくさん消費するとなると、朝昼夕の食事だけでは足りず、すぐにおなかがすいてしまうのも仕方ないことでしょう。だから、間食をとることはとってもよいのです。また、間食は私たちに楽しみを与《あた》えてくれる食事でもあります。しかし、間食でどのようなものを、いつ食べるのかについては、よく考える必要があります。

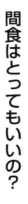

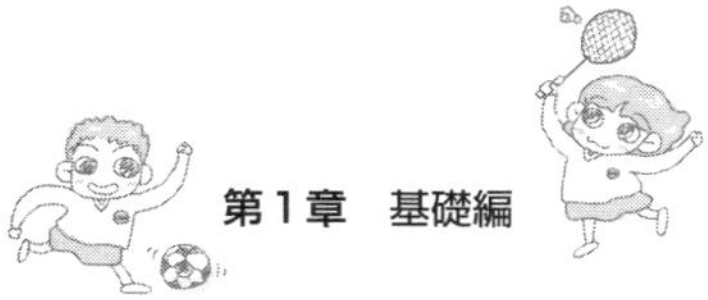

間食はどんなものがいいの？

間食というと甘《あま》いお菓子《かし》やジュース類を思い浮《う》かべるかもしれません。しかし、これらは「ジャンクフード」（「ジャンク」とは「ガラクタ」という意味）ともよばれ、高エネルギーですが、ビタミンやミネラル（無機質《むきしつ》）は少ない食べ物です。このような食品をとりすぎると3度の食事を十分に食べられなくなってしまったり、体脂肪《たいしぼう》の増加につながってしまいます。

そこで間食では、トレーニングで消費したエネルギー補給《ほきゅう》のための糖質《とうしつ》と、体づくりやコンディション調整に役立つビタミンやミネラルの多い食品を選択《せんたく》します。具体的にいうとパン（ただし、クロワッサン、デニッシュ、カレーパンなどは脂質《ししつ》が多いので避《さ》ける）、おにぎり、果物、牛乳といった食品がおすすめです。間食は、3食でとりきれないエネルギーと栄養素を満たすための補食《ほしょく》と考え、清涼《せいりょう》飲料水をガブ飲みしたり、お菓子を食べすぎたりする甘食《かんしょく》で空腹《くうふく》感を紛《まぎ》らわすことのないようにしましょう。

いつ、間食を食べるのがいいの？

運動開始前は、空腹ではないが胃に食べ物が残っていない状態がベストです。食事をとってから運動開始まで時間が空くような場合は、運動開始の2時間前までにおにぎりやパン、牛乳などの軽い間食をとりましょう。しかし、授業が終わり次第練習開始、というような場合もあるかもしれません。そのような場合は無理に間食をとると腹痛《ふくつう》の原因になります。ただし、水分だけは練習開始前に200~400mL程度とっておくようにしましょう。

そして、運動が終わったら寄り道せずに真っすぐに帰宅して食事をとるようにしましょう。運動終《しゅう》了《りょう》後1時間以内に食事をとるのがベストです。しかし、帰宅《きたく》に時間がかかる、食事の準備がまだできていないなどの都合で1時間以内に食事をとれないときはパンやおにぎり、牛乳の間食をとりましょう。ただし、間食でおなかがいっぱいになってしまわないよう、おにぎりなら1個、バナナであれば1本程度にとどめておきましょう。

間食≠甘食

間食は“甘食”ではありません！３食でとりきれないエネルギーと栄養素を満たすための“補食”です。

間食は質も大切！

間食には、エネルギー補給のための糖質と、体づくりやコンディション調整に役立つビタミン・ミネラル（無機質）が豊富な食べ物を。

時間のあるときは練習前に！

食事をとってから運動開始まで時間があるときは、運動開始の２時間前までに、おにぎりやパン、牛乳などの軽い間食を。時間がない場合は水分だけでも練習前にとっておこう。

運動後はすぐ食事がベスト！

運動終了後、１時間以内に食事をとるのがベスト。真っすぐ家に帰って食事をとろう。食事の準備がまだのときは、間食は軽めにしておこう。

コンビニやファストフードの利用法

上手に利用すれば、とても便利なお店

コンビニエンスストアやファストフードというと、「利用するのはあまりよくない」と思う方もいるようですが、そんなことはありません。どんなものを購入《こうにゅう》するのがよいかを考えて上手に利用できれば、とても便利なお店なのです。しかし、毎食利用するのは考えものです。お金がかかるだけではなく、お弁当パックなどのごみもたくさん出ます。家から食べ物を持参できるときは、なるべく持って行きましょう。そこでここでは、スポーツ選手としての食事も調達できるようなコンビニやファストフードの利用法についてお話しします。

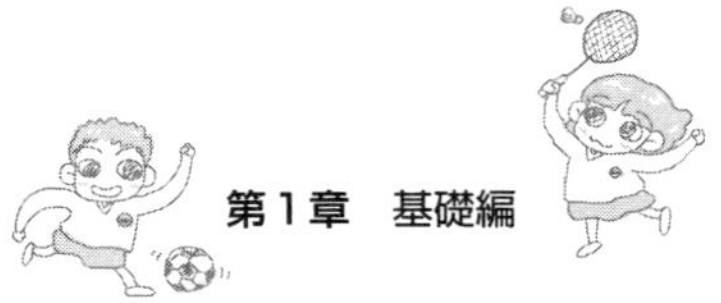

食事で利用するとき

食事として利用するときは、主食・主菜・副菜が組み合わさるように考えて選びましょう。洋風や中華《ちゅうか》風のお弁当よりも和風の幕《まく》の内《うち》弁当のようなタイプが野菜も多く、脂質《ししつ》も控《ひか》えめです。丼物《どんぶりもの》では、油の多いカツ丼や天丼といったものを避《さ》け、低脂質《ていししつ》の親子丼や中華丼のようなものにしましょう。めん類では中華めんよりもうどん・そばの方が低脂質ですが、てんぷらの入ったものは避けましょう。お弁当や丼物、めん類だけでは野菜が不足してしまうので、ほうれん草のごまあえや野菜サラダなど野菜のおかずを1品付け加えましょう。野菜がとりにくい場合は野菜ジュースで代用することもできます。パンのときも、野菜のおかずを1品付け加えましょう。そしてくれぐれも菓子《かし》パンだけにならないようにしましょう。牛乳やヨーグルトなどの乳製品を付け加えると、さらに栄養バランスがよくなります。

ファストフードでは、「ハンバーガー＋《プラス》フライドポテト＋《プラス》炭酸飲料」というのが定番の組み合わせですが、これでは糖質《とうしつ》と脂質ばかりに偏った食事になってしまいます。そこでポテトの代わりにサラダを選んだり、ドリンクでは100％オレンジジュースや牛乳に替えることで、栄養バランスを改善《かいぜん》しましょう。

間食（おやつ）で利用するとき

間食（おやつ）を購入するためにコンビニを利用するときは、まず甘いお菓子類や清涼《せいりょう》飲料水には目を向けないようにしましょう。あくまでも間食は3度の食事でとりきれない栄養素を補給《ほきゅう》するための食事ということを忘《わす》れないように。おすすめなのは、おにぎりや牛乳、ヨーグルト類、肉まん、パンといった糖質とたんぱく質がとれる食品です。パンを選ぶときはクリームやチョコレート、バターがたっぷり使われているもの（パイ類やデニッシュ）、揚《あ》げパンはやめて、シンプルなロールパンや食パンにします。なお、糖質やたんぱく質をとることができても、脂質の多い食品は間食には向きません。カップラーメンやフライドチキンのようなものは避《さ》けましょう。

ファストフードを間食で利用するときは、ハンバーガーやホットドッグ、フライドチキンでは高脂質になるので、ご飯ものやうどんを食べられるお店の方がよいでしょう。茶わんのサイズは「並《なみ》」よりも小さいものにし、親子丼や月見うどんのような低脂質メニューを選びましょう。

主食・主菜・副菜がそろうように考えて選ぼう！

コンビニやファストフードを食事で利用するときには主食・主菜・副菜をそろえましょう。

野菜のおかずを１品付け加えよう！

お弁当、丼物、めん類だけでは野菜が不足します。野菜のおかずを１品付け加えよう。

こんな食べ方していませんか？

菓子パンだけや、定番セットでは糖質と脂質だけに偏った食事になってしまいます。

間食（おやつ）で利用するときには…

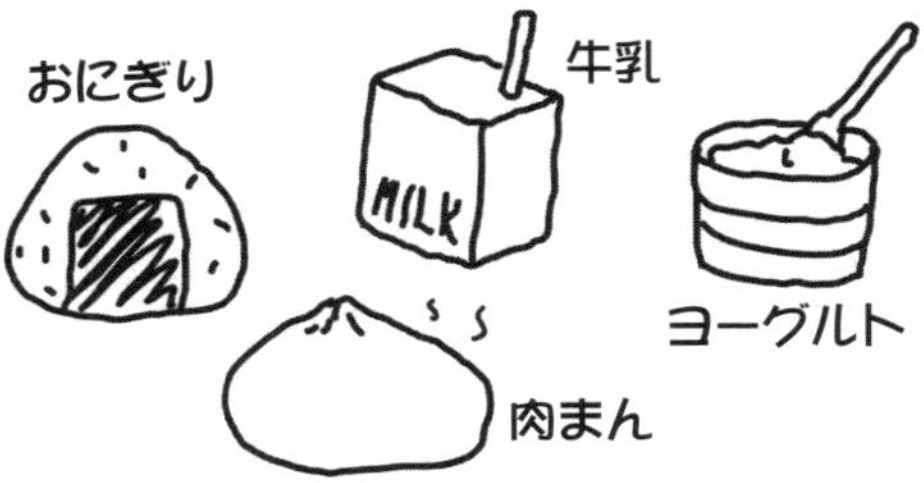

お店を利用するときは「並」より小さいサイズで！

間食（おやつ）は「補う食事」です。糖質とたんぱく質がバランスよくとれ、なるべく脂質の少ないものを選ぼう。

外食をするときには

外食でも「いつもと同じ」を心がけて

休日や長い休みには、外食する機会も増えます。買い物の帰りに家族そろって外食というのも、子どもにとっては楽しみの一つです。ただ、外食だから好きなものを食べてよいと浮《う》かれるのではなく、いつもの食事を思い出しながらメニューを選びましょう。スポーツ選手は自分でメニューを選ぶときこそ平常心でよく考えて食べることが大切です。

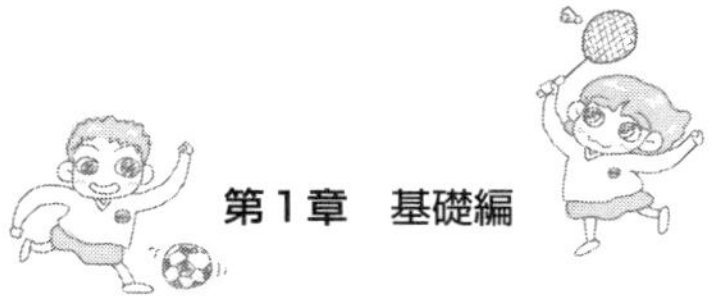

野菜を意識して食べよう

いつもの食事、主食・主菜・副菜・汁物《しるもの》・果物・牛乳がそろうようなメニューを選びましょう。とはいっても、これらがすべてそろうようなセットメニューはほとんどないと思います。そこでおすすめなのは、これらのお皿が比較《ひかく》的多くそろう定食メニューです。和定食であれば、たいてい主菜にご飯と汁物、野菜のおかず（副菜）がそろっていると思います。洋食や中華《ちゅうか》でもランチであれば、主菜にご飯（またはパンやめん類）に汁物、副菜がそろうことが多いと思います。

ただ、ここで注意点があります。外食での副菜はたいてい1品しかついていないことが多く、また家庭での副菜に比べると量が少ない傾向《けいこう》にあります。そこで、できたらもう1品野菜のおかずを注文しましょう。和食の場合、漬物《つけもの》が添《そ》えられていることがありますが、漬物は塩分が多いので副菜とはみなさないようにしてください。バイキング形式であれば、昼食や夕食であっても朝食バイキングと同じように、それぞれのお皿をそろえていきましょう。めん類のときは、しょうゆラーメンよりもタンメン、ペペロンチーノよりもなすとトマトのスパゲティといった具合に野菜をたっぷり使ったものを選んでいきます。ご飯をメインとするピラフや丼物のときは、一緒《いっしょ》に野菜たっぷりの汁物や副菜を組み合わせましょう。

外食では食べることができなかった食べ物はどうしたらいいの？

野菜を意識してとろうとしても、お店によっては野菜のおかずを単品で注文できないところもあるでしょう。そのような場合は、1日のほかの食事で補《おぎな》ってください。昼食が外食であれば、夕食にはいつもより野菜を多めにした献立《こんだて》にします。夕食で外食したときは帰宅《きたく》してから野菜ジュースで補ったり、翌日《よくじつ》の献立をいつもより野菜を多めにしましょう。外食でとることができなかった果物や牛乳（乳製品）も帰宅してから補ってください。あらかじめ外食するのがわかっているときは、外食する前の食事で野菜や果物、牛乳の量を調節しておいてもよいでしょう。

自分でメニューを選ぶときこそ平常心で！

外食だからといって好きなものを食べてよいと浮かれるのではなく、いつもの食事を思い出しながら、よく考えてメニューを選びましょう。

野菜を意識して食べよう！

外食ではどうしても野菜が不足しがちです。野菜を多く使ったメニューを選んだり、副菜としてもう１品、別に野菜のおかずを注文するのもよいです。

おすすめは定食！

定食を利用すると、主食・主菜・副菜が一通りそろいますが、不足しがちな野菜は別に注文するなどの工夫が必要です。なお、和定食の漬物は、塩分が多いので野菜の副菜とはみなさないでください。

不足した食べ物は１日のほかの食事で補おう！

外食後の食事は野菜を多めにしたり、時間のないときは野菜ジュースで補ったりします。外食することがわかっているときは、前の食事で野菜や果物、乳製品の量を調節してもよいでしょう。

試合前日・当日はどんなものを食べるのがいいのかな？

「敵《テキ》に勝つ《カツ》」では勝てない

試合前で緊張《きんちょう》しているときは、おなかの中も緊張しています。緊張をやわらげて自分の持っている力を試合で十分に発揮《はっき》するためには、特別なメニューを作るのではなく、いつもと同じ食事を心がけましょう。「敵《テキ》に勝つ《カツ》」といってステーキやトンカツを食べるのはかえって逆効果になります。なぜならば、ステーキやトンカツといった脂質《ししつ》の多い食べ物は消化に時間がかかるため、胃にとって大きな負担《ふたん》になってしまうからです。また、刺《さ》し身《み》やすしのような生ものは食中毒の危険《きけん》があるので避《さ》けるようにし、十分に火を通した安全なものを食べるようにしましょう。

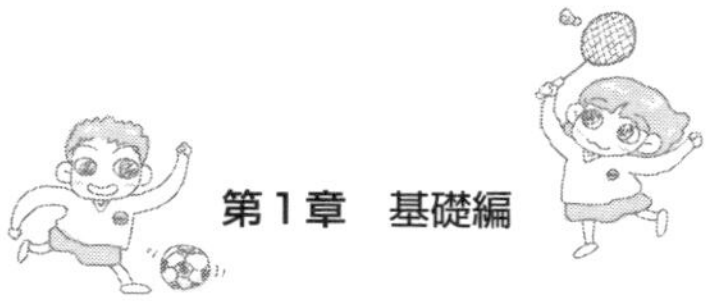

試合前日の夕食

糖質《とうしつ》はグリコーゲンとして筋肉《きんにく》と肝臓《かんぞう》に蓄《たくわ》えることができ、運動中に最も大切なエネルギー源《げん》となります。そこで、試合前には糖質をいつもより多くとってグリコーゲンを蓄えておく必要があります。

前日の夕食では、ご飯の量を増やし、おかずには、いも、はるさめ、マカロニ、もちなど糖質の多い食品をとり入れるようにします。また、グリコーゲン回復を促すクエン酸《さん》を多く含《ふく》む果物や梅干《うめぼ》しを食べるようにしましょう。そして、明日に備えて早めに寝《ね》るようにしましょう。

当日の朝ごはん

当日の朝は試合のスケジュールを考えて余裕《よゆう》をもって起きるようにしましょう。試合の始まる3時間前には食事を済《す》ませておくのが原則なので、開会式が9時、1回戦が9時半というスケジュールの場合は6時半には朝食を済ませておく必要があります。ぎりぎりまで寝ていて急いで食事をとったり、朝食を抜《ぬ》くようなことがないようにしましょう。前日の夕食と同じように糖質を多めにし、果物や梅干しを添《そ》えた朝食にしましょう。また、油を使う料理やベーコンのような脂質の多い食品は避けましょう。

試合会場での食事

当日のお弁当は試合と試合との合間に食べることになるので、サンドイッチやおにぎりのようなつまみやすい形にしましょう。エネルギー源になる糖質を多くとれるようにし、肉などのおかずは少なめにします。また、次の試合に備えてクエン酸の多い果物や果汁１００％のオレンジジュースをとり入れ、グリコーゲン回復を図ります。

13時に試合開始というような昼食時間にかかる場合、試合開始時刻の2～3時間前におにぎりやパンを食べるようにします。試合開始時刻《じこく》の1～2時間前にもう少し食べられるようだったら、バナナや果物を補《ほ》給《きゅう》します。試合開始時刻の1時間前になったら水分補給だけにします。1回の食事で全部食べず、試合前後に何回かに分けて食べるのがコツです。

試合前日、当日もいつもと同じ食事を！

縁《えん》起《ぎ》をかついだステーキやトンカツは逆効果です。いつもと同じ食事をとりましょう。

前日は糖質を多めにとろう！

前日の夕食では、ご飯を多めに。おかずにも糖質を多く含む食品を。

朝食は試合開始３時間前までに！

当日の朝食は試合が始まる３時間前までにすませておこう。また試合会場では試合開始時刻から逆算して食べるようにしよう。

昼食には食べやすく、グリコーゲン回復を促すものを！

会場での昼食は、サンドイッチやおにぎりなどつまみやすい形に。グリコーゲン回復を促すクエン酸を多く含む食品もとり入れよう。

第2章

上級 編

朝練のあるときの朝ごはんはどんなものがいいの？

練習前には必ず食べよう

これまでにとり上げられているように、朝ごはんはとても大切です。脳や筋肉《きんにく》を動かすエネルギー源《げん》はすべて睡眠《すいみん》中に使われ起床時《きしょうじ》には空っぽです。また睡眠中には体温が低下し、水分が体から失われていくので、起床時には体温が低く、体が乾《かわ》いた状態になっています。そのため、何も食べない、飲まないまま運動を始めてしまうと、エネルギー不足や体が温まっていないので思うような動きができませんし、ボーっとしてけがの原因にもなりかねません。さらに水分不足による脱水症状《だっすいしょうじょう》の原因にもなります。朝練のある日でも、登校前には必ず朝ごはんを食べてから参加しましょう。

朝練の日の朝ごはん

練習時のエネルギー源となる糖質《とうしつ》と体を温める力の強いたんぱく質を意識しましょう。食べてから練習開始までの時間が短いので品数は少なめにし、消化のよいメニューにします。具だくさんのみそ汁《しる》やミネストローネのような汁物であれば、一つの皿で野菜やたんぱく質源となる卵などの補給《ほきゅう》ができます。また、汁物などのおかずには、うどん、マカロニ、じゃがいも、もちなど糖質の多いものを積極的にとり入れましょう。そして体を温めるため、できるだけ温かい食事を心がけましょう。

練習後にも食べたい

朝練習は放課後の練習時間に比べれば短時間の練習ですが、運動した分のエネルギーは消費されています。失ったエネルギーを補給し、トレーニング効果や午前中の授業への集中力を上げるためにも、練習後に補食《ほしょく》をとりたいものです。内容としては放課後練習後の補食と同じような、糖質とたんぱく

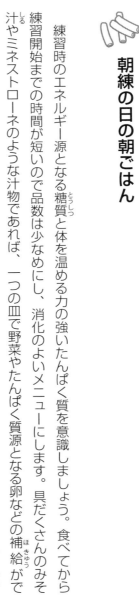

質、ビタミンを多く含むおにぎりやパン、乳製品、果物といったものがよいでしょう。とはいえ、小・中学校の場合、昼食時間以外の飲食を認《みと》めない学校もあると思います。クラブの顧問《こもん》の先生やコーチなどと一緒《いっしょ》に、学校で朝練習後に軽く補食をとれるようにできないか、学校に相談してみましょう。

朝練習の前には必ず食べよう！

朝起きたときは、体はエネルギー不足、水分不足です。朝ごはんを食べずに朝練習に参加すると、思うような動きができないばかりか、けがの原因にもなります。

朝練習に参加するときの朝ごはんは？

エネルギーとなる糖質と、体を温める力の強いたんぱく質を意識して食べましょう。練習開始まで時間が短いので、品数は少なめにし、消化のよいメニューにします。

具だくさんの汁物で一石二鳥！

具だくさんの汁物であれば、１つでバランスよく栄養素がとれます。さらに具にうどん、マカロニ、じゃがいも、もちなど糖質の多いものを加えてもよいでしょう。

練習後には軽い補食をとるのがベターです！

朝練習で失ったエネルギーを補給し、午前中の授業への集中力を上げるためにも、練習後におにぎりやパン、乳製品、果物などの軽い補食をとるのがよいでしょう。

バイキングの上手な食べ方は？

よく考えて食べよう

夏休みにはチームで合宿遠征《えんせい》するところもあるでしょう。遠征での宿泊《しゅくはく》先の朝食にはバイキングが出るところも珍《めずら》しくありません。バイキングですから好きなものを好きなだけ、食べ放題ですが、朝食を終えたら練習に入るのです。いつもと違《ちが》う食事に浮《う》かれることなく、週末など午前中に練習のある日の朝食を思い出して、よく考えて食事を組み立てていきましょう。

バイキングのとり方

いつものご飯、主菜、副菜、汁物《しるもの》、果物、牛乳の組み合わせをよく思い出してお皿に取っていきましょう。主食のご飯はいつもの量を考えてとりましょう。家で使っているお茶わんよりも小さいサイズのときはお代わりしてください。パンを選んだ場合は食パンで2枚《まい》程度を目安にします。主菜として肉、魚、卵、豆腐《とうふ》のおかず、副菜として野菜のおかずを取っていきます。汁物のとしてみそ汁やスープ類で水分補《ほ》給《きゅう》。果物と牛乳や乳製品を取って完成です。

ぜひ食べてほしいもの、注意してほしいもの

野菜と果物を多めにとりましょう。とくに、生野菜のサラダとフルーツはそれぞれ別皿にたっぷり取ってください。また、食物繊維《しょくもつせんい》が豊富なシリアル（コーンフレーク）が用意されているところもあるので、主食の一部にしてもいいですね。シリアルには牛乳やヨーグルトをたっぷりかけましょう。

注意してほしいのは脂質《ししつ》のとりすぎです。ベーコンやウインナーの食べすぎは、脂質だけでなく塩分も多くなってしまいます。また、クロワッサンやデニッシュのようなバターをたっぷり使ったパンよりも食パンやフランスパン、バターロールをおすすめします。パンにつけるスプレッドもバターやマーガリンよりもジャムにして、あまりたっぷり塗らないようにしましょう。卵料理ではオムレツや

スクランブルエッグにもバターが多く使われているのでとりすぎないように。ゆで卵や目玉焼きの方が低脂質《ていししつ》です。

ふだんあまり料理をしない選手もバイキングで朝食の構成を考えるとき、パンをメインとする洋食よりもご飯をメインとする和食の方が低脂質でいろいろなおかずを食べられることに気づくのではないかと思います。合宿時だけでなく、家族でバイキングレストランに行くときも、いつもの食事を思い出し考えて食べるように心がけましょう。

食事の後の練習を考えて…

バイキングだからと、浮かれてたくさん食べすぎると次の練習に差し障ります。ふだんの日の食事を思い浮かべながら、よく考えてとりましょう。

主食、主菜、副菜、汁物、果物、牛乳（乳製品）を組み合わせる

主食となるご飯やパンの量に気をつけ、主菜、副菜、汁物、果物、牛乳（乳製品）をしっかりとって完成です。

野菜と果物は多めにとろう！

生野菜のサラダや果物は、それぞれ別皿にたっぷりとりましょう。また脂質の多い料理はとりすぎないように注意しましょう。

ご飯を中心に考えるのがコツ！

ご飯をメインとすると、低脂肪でいろいろなおかずを食べられます。ふだんの家での食事でもバランスをよく考えてとり、いつでも応用が利くようにしましょう。

スポーツをする子どものお弁当はどんなものがいいの?

お弁当箱の大きさは?

お弁当を持っていくにあたって、まずはお弁当箱選びから始めましょう。昼食では1日に必要なエネルギーの3分の1を満たせるようにしなければなりませんが、そのためには少なくとも男子で850mL、女子では750mL程度の容量のお弁当箱が必要になります。お弁当箱の裏《うら》側の表示を見たり、表示のない場合はお弁当箱に入る水を計量カップで量り、容量がどのくらいかを確かめてみましょう。

お弁当箱の中身は？

まず、お弁当箱の半分にご飯をきっちり詰《つ》めましょう。エネルギー源《げん》となるご飯が少ないと放課後の練習までに必要なエネルギーを補給《ほきゅう》できなくなるばかりでなく、カバンの中でお弁当の中身が動いて片寄《かたよ》ってしまいます。

おかずを詰めるときには、最初に肉や魚、卵を使ったおかずを2～3種類詰めてから、野菜や海藻《かいそう》、豆、いもを使ったおかずを2～3種類詰めていきます。このときもすき間なく詰めていくのがポイントです。仕上げに残ったスペースに野菜を詰めて彩《いろど》りをきれいにしましょう。プラスして果物を100g程度（キウイフルーツ1個分程度）を別容器に入れます。

男子選手のお弁当を見るとボリュームを上げるためにご飯と肉がほとんどで野菜が飾《かざ》り程度にしか入っていないことや、揚《あ》げ物が多いことがあります。野菜を多くとり入れ、揚げ物だけではなく、「煮《に》る・焼く」といったさまざまな調理法を組み合わせましょう。

女子選手の中には「大きいお弁当箱が嫌《いや》だから…」と、小さいサイズのお弁当箱を持ってきている人がいますが、結局おなかがすいてしまい、間食にお菓子や菓子パンを食べてしまうことにつながります。お弁当箱の大きさが気になるのでしたら、2つの容器に分けると、それほど多い量には見えなくなります。

衛生面にも気をつけよう

お弁当を食べるのは作ってから数時間後のため、傷《いた》んでしまわないように注意しなければなりません。まず、ご飯の粗熱《あらねつ》がとれたらすぐにお弁当箱の中に詰めて冷ましましょう。おかず類はよく冷めてから詰めます。煮物の汁気《しるけ》が多いと、味がほかのおかずに移るだけでなく、中身が傷みやすくなります。汁気がなくなるまで十分に煮含《にふく》めたり、汁気を切ってからお弁当箱に入れましょう。また、おかずには十分に火を通しておきます。

そしてお弁当箱全体が冷めているのを確認《かくにん》してふたをしてください。熱いままふたをすると、中で蒸《む》れてお弁当が傷む原因になります。そのほかにも、炊《た》き込《こ》みご飯やマヨネーズあえのサラダは傷みやすいので夏場は避《さ》けたほうがよいでしょう。さらにお弁当を持っていくみなさんは、くれぐれもお弁当箱を炎天下《えんてんか》のグラウンドなどに放置することのないよう、保管には十分気をつけてください。

お弁当箱の大きさは？

少なくとも男子 850mL、女子 750mL 程度の容量は必要です。裏側の表示やお弁当箱に水を入れて容量をチェックしてみましょう。

お弁当の中身は？

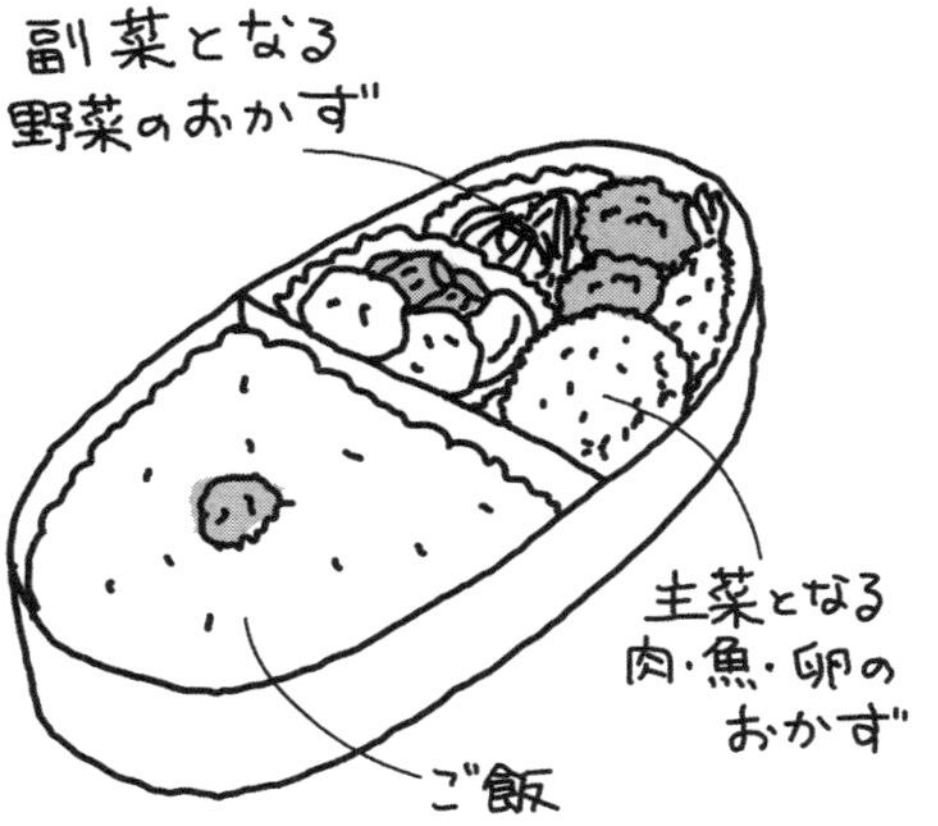

半分にご飯をぎっしり詰めます。次に主菜となるおかず、副菜となるおかずの順に詰め、スペースが空いたら何か野菜のおかずを足します。

おかずの調理法をいろいろ工夫しましょう！

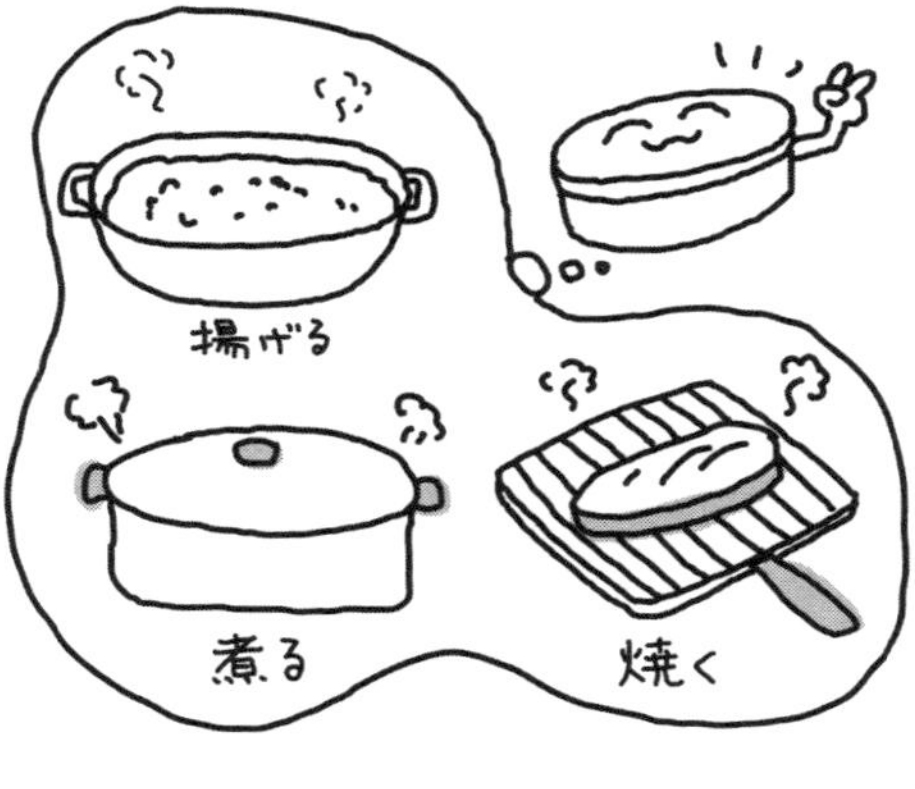

おかずにはなるべく野菜を多くとり入れ、また揚げ物ばかりではなく、煮る・焼くなどのさまざまな調理法のおかずも組み合わせましょう。

衛生面にも気をつけよう！

おかずは十分に火を通し、よく冷ましてから詰めましょう。汁気のあるものは煮含めたり、十分に汁気を切って。食べるまでは涼しい日陰の場所で保管します。

水分補給《ほきゅう》のために食事で気をつけることは？

食事でも水分は補給できる

暑い夏の練習では水分補給がとくに大切です。「水分補給」というと、水やスポーツドリンクのような飲み物を思い浮《う》かべがちですが、食事でも水分補給は可能です。みそ汁《しる》やスープといった汁物《しるもの》、カレーなどの煮込《にこ》み料理、夏の定番料理の冷やし中華《ちゅうか》やそうめんからも水分をとることができます。さらに、スポーツ選手では毎食とるのが基本となっている牛乳からも水分とたんぱく質やカルシウムを補給できます。私たちの体からは、運動して汗をかいたときだけではなく、眠っている間にも水分が失われています。朝、起きたらまず野菜や汁物をとり入れた朝食をしっかり食べて栄養素と一緒に水分も補給しましょう。

夏の野菜には水分たっぷり

夏に旬を迎えるトマト、きゅうり、なすなどの野菜には水分がたっぷり入っていますが、そのほかにもビタミンやミネラル（無機質）も豊富です。野菜たっぷりのサラダやスープもいいですね。また、冷やし中華やそうめんの具にも野菜をたくさんのせましょう。現在、筆者が住んでいる山形県の内陸部は、昭和8（1933）年7月に最高気温が40.8℃を観測した、夏はとても暑いところです。この山形県には、きゅうりやなす、みょうがをみじん切りにしてあえた「だし」という夏の郷土《きょうど》料理があります。だしは、炊《た》きたてのご飯にかけたり冷ややっこの上にのせて食べます。ご飯が進むうえに、きゅうりやなすから水分やミネラルも一緒《いっしょ》に補給できるので、まさに夏にぴったりの料理です。

だし

●材料と作り方（４人分）

きゅうり1本、なす1個、みょうが2〜3個、大葉2〜3枚《まい》、ねぎ1／3〜1／2本、かつお節、しょうゆ適量

① 野菜をすべてみじん切りにし、水にさらしてアクを抜《ぬ》く。

② 野菜の水気を切って、かつお節としょうゆであえる。

※刻《きざ》んだオクラや昆布《こんぶ》を入れて、ねばねば感を出してもおいしくいただけます。

夏の果物にも水分たっぷり

果物は「水菓子《みずがし》」ともいわれるほど水分が豊富な食べ物です。夏に旬《しゅん》を迎《むか》えるすいか、メロン、ももなども水分だけではなくカリウムやビタミンも豊富です。スポーツ選手は3度の食事でも生の果物を食べてビタミンやミネラル補給、水分補給をしましょう。

暑い夏！
食べ物からも水分補給を

水分補給は水やスポーツドリンクからだけではありません。食事でも十分可能です。

夏野菜は水分たっぷり！

夏野菜には水分がたっぷり。また汗《あせ》で失われるビタミンやミネラル（無機質）も豊富です。

朝食に野菜や汁物を！

眠っている間に水分は失われます。朝、起きたらまず野菜や汁物をとり入れた朝食をしっかり食べましょう。

夏のオアシス！旬の果物

果物は「水菓子《みずがし》」ともいわれるほど水分が豊富。また夏の果物にはカリウムやビタミンがたっぷりあり、汗をかいた体にやさしい食べ物です。

オフの日と練習のある日とでは食事を変えたほうがいいの？

オフの日にも体はつくられている

私たちの体は食事でとり入れた栄養素を材料として、古くなった筋肉《きんにく》や血液などの組織を新しいものに入れ替《か》えるといった営みを毎日くり返しています。成長期はこの営みは大人よりも活発に行われ、トレーニングによってさらに活発になります。しかし、トレーニングをしているからといって、体にとり入れた栄養素がすぐに新しい血液や筋肉になるわけではありません。オフの日であってもこの新しい組織への入れ替えは休むことなく、毎日行われているのです。

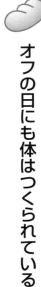

オフの日も練習のある日と同じ食事が基本

したがって、週に4日以上のトレーニングを定期的に行い、練習休みが週1~3日という生活であれば、オフの日であっても新しい組織へと入れ替わる営みはトレーニングをしている日と変わりなく活発に行われます。ですからオフの日もトレーニングのある日と同じだけの栄養素をとり入れる必要があります。練習のある日と同じように主食をしっかり食べ、魚や肉のおかず、野菜のおかず、果物や牛乳をそろえることで、エネルギーや体づくり、コンディションづくりのための炭水化物やたんぱく質、ビタミン、鉄、カルシウムといった栄養素をまんべんなくとるようにしましょう。ただし、脂《あぶら》の多い肉や魚、油脂《ゆし》を多く使う料理は避《さ》け、トレーニングのある日よりも、ややあっさりめの献立《こんだて》にしましょう。

長期休みのときは気をつけよう

長い休みの期間中にはトレーニングを長期にわたって休むこともあり、トレーニング量が大きく減る選手もいるかもしれません。そのような、トレーニング休みの期間中は、けがで練習できないときと同じように食事の量をやや少なめにし、また脂質《ししつ》のとりすぎにならないよう食事内容にも気をつける必要があります。トレーニングを長期にわたって休むときには消費エネルギーが少なくなっているので、間食は必要ありません。休みの間、トレーニングをしているときと同じような食事を続けてしまうと摂取《せっしゅ》エネルギーが消費エネルギー大きく上回って体重や体脂肪率《たいしぼうりつ》が増えてしまい、休み明けの練習で体が思うように動かなく、けがの原因にもなりかねません。トレーニングのあるなしにかかわらず、日ごろから体重や体脂肪率を測定し、消費エネルギーに対して摂取エネルギーが多すぎないようチェックする習慣をつけましょう。

オフの日にも体は
つくられています！

トレーニングの間だけでなく、オフの日も体の中では古い組織と新しい組織の入れ替え作業が休みなく行われています。

オフの日も基本的には
いつもと同じ食事を！

定期的にトレーニングを行っている体は、組織の入れ替えのため、休みの日でもいつもと同じだけの栄養素をとり入れる必要があります。

ややあっさりめが
オフの日の食事のコツ！

オフの日も主食をしっかり食べ、主菜・副菜から体に必要な栄養素をまんべんなくとります。ただし、あぶらの多いものは避け、ややあっさりめにするのがよいでしょう。

長期間休むときには注意しよう！

練習を長期間休む場合は食事の量はやや少なめにし、間食を避けて、食事からとるエネルギーが、体が使うエネルギーより多くならないように注意します。

けがをして練習できないとき、食事で気をつけることは?

運動量が少ないので、食事はいつもより少なめに

けがをしていて練習できないときに、練習をしているときと同じボリュームの食事をとっていると、エネルギーオーバーとなり体脂肪《たいしぼう》の増加につながります。そこで、練習できないときは、食事のボリュームを全体的に控《ひか》えるようにしましょう。

ただし、練習できないからと食事を減らしすぎると、必要な栄養素をとることができず、大事な筋《きん》肉《にく》を落としてしまうので注意が必要です。運動をしない同級生と同じくらいの食事は食べるようにしましょう。

練習できないときの食事内容

体脂肪の増加を抑《おさ》えるためには、食事のボリュームを控えると同時に、脂《あぶら》っこいものは避《さ》けるようにしましょう。肉なら鶏《とり》のささ身や赤身の部分、魚であればマグロの赤身やタラのような脂の少ないものを選びます。メザシやシシャモのような骨ごと食べられる魚も、脂身が少ないばかりでなくカルシウムを多く含《ふく》むのでおすすめです。また、揚《あ》げ物のような油を多く使う料理は少なめにし、煮物《にもの》や蒸《む》し物のような油を使わない料理にしましょう。焼き物料理の場合、フライパンに油をひいて焼くのではなく、網焼《あみや》きグリルで焼いたり、ホイル焼きにする方法もあります。サラダなどに使うドレッシングはノンオイルのものを選び、マヨネーズは使いすぎないようにします。

牛乳や野菜、果物、海藻《かいそう》、きのこは、けがの回復に必要なビタミンやミネラル（無機質）を豊富に含みます。あまり減らさないようにしましょう。

けがを食事で予防する

けがで練習できなくなってしまう前に、けがを予防することが何よりも大切です。そのためには筋肉や骨《ほね》、その周りの靭帯《じんたい》や腱《けん》を強くし、激《はげ》しいぶつかり合いや転倒《てんとう》にも耐《た》えられる丈夫《じょうぶ》な体をつくることが肝心《かんじん》です。強い筋肉や骨、靭帯や腱をつくるためには、まずこれらの材料となるたんぱく質やカルシウムを十分にとりましょう。さらに、筋肉や骨、靭帯などが体内でつくられるときにはビタミンCも必要です。スポーツ選手に「毎食、牛乳と果物をとりましょう」というのは、このような理由によります。そして、主食をしっかり食べて十分なエネルギーを補給《ほきゅう》しましょう。また、体脂肪の蓄積《ちくせき》は、運動中の動きが悪くなるだけでなく体の負担《ふたん》になり、ひいてはけがにつながります。日ごろからお菓子《かし》の食べすぎ、ドレッシングやマヨネーズのかけすぎに注意しましょう。

けがで練習できないときは？

体脂肪の増加に気をつけながら、運動をしない同級生と同じくらいの食事はとろう。

油は控えめに！

脂身の少ない肉や魚を選び、なるべく油を使わない料理を心がけよう。

けがの回復には？

牛乳や野菜、果物、海藻、きのこは、けがの回復に必要なビタミン・ミネラル（無機質）がたっぷり。けがで休んでいるときも、食べる量を減らさないようにしよう。

スポーツ選手は牛乳と果物を毎食とろう！

食事でけが予防！強い筋肉や骨、靭帯《じんたい》や腱《けん》をつくるためには、たんぱく質、カルシウム、ビタミンＣをとることが大切です。

100%ジュースを飲めば野菜と果物は食べなくてもいいの？

100%といっても、野菜・果物そのものではない

「1日に必要な野菜・○種類の野菜・果物入り」「野菜・果汁《かじゅう》100%使用」などの宣伝《せんでん》コピーが入り、カラフルなパッケージの野菜・果物ジュースがスーパーやコンビニに並《なら》んでいます。しかし「100%」といっても、野菜や果物を100%そのまま再現した飲み物ではありません。パックに入ったジュース類では、製造過程の加熱やろ過で、どうしてもビタミンCや食物繊維《しょくもつせんい》が失われます。もちろん通常の加熱調理でもビタミンCは失われますが、ビタミンCの豊富な果物を加熱して食べることはあまりありませんし、野菜であればサラダや酢《す》の物にして生で食べることもできます。食物繊維も通常調理であれば、大きく失われることはまずありません。

ジュースではとれる野菜や果物が限られてしまう

何種類もの野菜や果物が入ったジュースもあります。しかし、八百屋さんやスーパーにはジュースに入っている野菜や果物よりもずっと豊富な種類の本物の野菜や果物が並んでいます。さらにその地《ち》域《いき》で昔から食べられてきた伝統野菜も、ジュースではなかなかとることができません。そのため、ジュースだけに頼《たよ》ると一部の野菜や果物しかとれないことになってしまいます。

野菜や果物ぎらいの人にとって、さまざまな野菜や果物が入ったジュースは苦手な野菜や果物も無理せず体内にとり入れることができる便利なものでしょう。しかし、ジュースではいろいろな野菜や果物が混ざって一緒《いっしょ》になっているため、それぞれの野菜・果物本来の味がわからなくなっています。そのためジュースだけに頼ってしまうと、ジュースでなら野菜や果物をとることができても、野菜や果物そのものは食べられない、というようなことにもつながりかねません。

ジュースを上手に使おう

しかし、野菜や果物のビタミンや食物繊維のすべてをとることができないにしても、手軽に飲むことができるのがジュースの利点です。「今日は野菜や果物を少ししか食べなかったな……」と感じたり、野菜などを調理して食べる時間がないとき、あるいは練習前後の間食（おやつ）として、おもに糖質《とうしつ》やビタミン補給《ほきゅう》に使うのがよいでしょう。もちろん野菜や果物を、朝・昼・夕の3度の食事で、食卓《しょくたく》に並べて食べることが基本です。くれぐれも野菜や果物の代わりとして、ジュースを食卓に並べるのは避《さ》けましょう。ジュースはあくまでも補助《ほじょ》的なものと意識して飲むようにしましょう。

100%といっても、野菜・果物そのものではない！

「野菜・果汁100%」と書いてはあっても、やはり野菜や果物そのものではありません。ジュースにすることで、ビタミンCや食物繊維が少なくなることもあります。

野菜ジュースにあまり頼らないで！

たとえ何種類もの野菜の入ったジュースが飲めるようになっても、入っている野菜すべてを食べられるようにはなりません。

ジュースでは野菜・果物の本来の味がわからない！

ジュースにはいろいろな野菜や果物が混ざっているため、野菜や果物の本来の味や歯ざわりがわかりません。

野菜ジュースを上手に使おう！

手軽さを利用して、間食（おやつ）など、あくまで補助的なものと意識して飲みましょう。野菜や果物は、１日３度の食事で、食べてとるのが基本です。

マスコミで紹介《しょうかい》されている食べ物は食べたほうがいいの？

「これさえ食べれば」という食べ物はない

まんがやアニメの中では、一口食べれば満腹《まんぷく》になってけががたちどころに治り、そのうえ以前よりもパワーアップする不思議な食べ物が登場したり、あるものを食べるだけでパワーがみなぎり、ライバルを倒《たお》してしまうといったシーンがときどき出てきます。しかし、「これを食べれば強くなれる」という食べ物が存在《そんざい》するのは、まんがやアニメの世界の中だけで、実際にはありません。それにもかかわらず、スポーツをする人からは今でも「強くなれる食べ物は何ですか？」という質問が多く出されます。「もっと身長を伸《の》ばしたいから…」と牛乳ばかり飲んでいたり、「貧血退治のために」とレバーを毎日たくさん食べているという選手もよく見られました。

特定のものばかり食べてしまうと…

牛乳には体をつくるたんぱく質やカルシウムが豊富ですし、貧血退治のためにヘモグロビンの材料となる鉄が豊富なレバーを食べるのはよいことです。しかし、牛乳の飲みすぎは下痢《げり》の原因になったり、また牛乳だけで満腹になってしまい、ほかの食事が入らなくなってしまう恐《おそ》れもあります。レバーは鉄が豊富ですが、同時にビタミンAも多く含《ふく》んでいます。動物性食品からのビタミンAのとりすぎは有害であることがすでにわかっています。そのため、レバーばかり多量に食べ続けていると、体に害を及《およ》ぼす恐れもありうるのです。さらに鉄はレバーだけではなく、魚や貝、緑黄色野菜などからもとることができます。また「脂質《ししつ》」と聞くと、悪いイメージを思い浮《う》かべる選手もいますが、脂質をまったくとらない食事を続けていると、適切なエネルギーを摂取《せっしゅ》できないばかりでなく、血液中のコレステロールや脂質のバランスを良好に保つことができないといった悪影響《あくえいきょう》も出てきます。

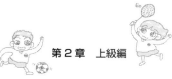

大切なのは「適切な量を食べているか」

スポーツ選手が食べ物に関心を持つのはとてもよいことですし、テレビなどでとり上げられている食べ物や健康に関する番組を見て情報を得ることも決して悪いことではありません。しかし重要なのは、適切な量をとっているかどうかであって、テレビで「体によい」といっていたからといって特定の食べ物ばかりを多量にとってしまうと、体に悪影響を及《およ》ぼしかねません。逆に、悪い食べ物のイメージばかりが先走っているような脂質《ししつ》や砂糖《さとう》といったものでも、適度にとればまったく害はありませんし、むしろ食事に楽しみを与《あた》えてくれます。マスコミで紹介《しょうかい》されていたからといって、すぐにその食べ物をたくさん食べようとしたりせず、まずは自分の食生活をふり返ってみて、その食べ物を今までどの程度食べていたかを思い出しましょう。それからその食べ物をどれだけ食べたらよいのか、コーチや栄養士などに相談してみましょう。また、マスコミからの情報だけをうのみにするのではなく、図書館などでその食べ物をどのくらい食べるとよいのか、調べてみるのもよいでしょう。

「これさえ食べれば…」という食べ物はありません！

食べればたちどころに強くなったり、魔法《まほう》のように体を治してしまう食べ物といったものは現実には存在しません。

特定のものばかりたくさん食べると悪影響《あくえいきょう》も！

「体によいから」といって特定のものだけをたくさん食べ続けると、栄養バランスを崩《くず》し、体に悪影響を及ぼすこともあります。

マスコミの情報をうのみにしない！

スポーツ選手が食べ物に関心を持つことはとてもよいことですが、マスコミの情報などをうのみにせず、コーチや栄養士の先生に相談してみましょう。

大切なのは「適切な量をとっているか」

食べ物の栄養そのものに良い悪いはありません。大切なのはそれぞれに適切な量をきちんととっているかどうかです。

バーベキュー、焼き肉大会で注意することは?

よく考えて食べよう

夏休みになると家族やクラブでバーベキューや焼き肉大会をすることもあるでしょう。外に出て、家族や仲間と一緒《いっしょ》に炭火で焼き肉やバーベキューをするのは楽しく、コミュニケーションづくりにもなります。しかし、スポーツ選手は「バーベキューだ!」「食べ放題だ!」と浮《う》かれて好きなものを好きなだけ食べるのではなく、平常心でよく考えて食べましょう。食べすぎて翌日《よくじつ》の練習に差し支えることのないよう、腹《はら》八分目に控《ひか》えることも大切です。

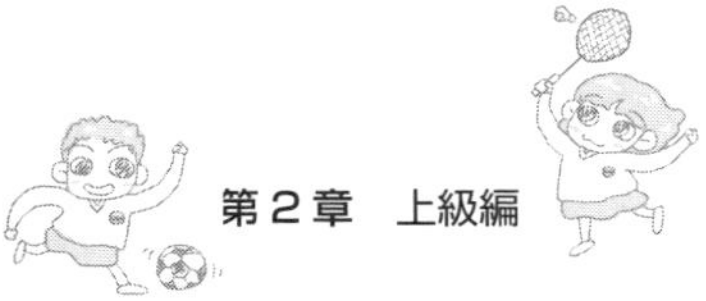

肉ばかり食べないで

バーベキューや焼き肉のメインであり、多くの選手が大好きな牛肉には筋肉《きんにく》づくりや貧血予防に役立つたんぱく質と鉄が豊富ですが、その一方でカルビやロースなどには脂質が多いので、食欲《しょくよく》にまかせてこのような肉ばかり食べていては、単なる高脂質《こうししつ》食となってしまいます。高脂質食とならないよう、肉だけではなく野菜やご飯も食べるようにしましょう。肉の余計な脂質を減らすには、鉄板焼きではなく網《あみ》焼きにするとよいでしょう。また、レバーやハツには鉄やビタミンも豊富なので、積極的に食べるようにしましょう。しいたけやピーマンのような苦手な野菜もクラブの仲間と一緒のバーベキューがきっかけで食べられるようになり、好ききらい克服《こくふく》のきっかけになるかもしれません。レタスやサンチュで肉を巻《ま》いて食べるのもおいしいですね。焼きそばを入れたり、おにぎりを食べて炭水化物も補給します。外で食べるバーベキューであっても炭酸飲料や清涼飲料水は飲まないようにして、最後には、すいかなど新鮮《しんせん》な旬《しゅん》の果物でしめましょう。

クラブによっては、保護者と一緒にバーベキューをするところもあると思います。たとえ自動車を運転する必要がなくとも、子どもと一緒のバーベキューのときは、成人の飲酒は控《ひか》えてもらいましょう。

衛生管理にも注意しよう

夏休み中は気温や湿度《しつど》が高くなるため、食べ物が腐敗《ふはい》しやすい季節です。食材は氷や保冷剤《ほれいざい》入りのクーラーボックスなどに入れてよく冷やしておきます。肉類はよく加熱して中までよく火を通し、決して生焼けの状態で食べないようにしましょう。また、水道設備のない場所でバーベキューをするときは必ず水を持参し、調理前や食べる前には必ず手を洗い、アルコール消毒で清潔に保つなど、衛生管理にも気をつけて楽しいバーベキュー・焼き肉大会をしましょう。

“平常心”でよく考えて食べよう！

浮かれて食べすぎると、翌日の練習に差し支えるよ。腹八分目に。

肉ばかり食べないで！

カルビやロースだけでは単なる「高脂肪食」です。レバーやハツ、野菜などもバランスよく食べよう！

苦手な野菜にもチャレンジ！

仲間と一緒に楽しく食べれば、好ききらい克服のきっかけにもなるよ。

衛生管理にも注意！

食材はクーラーボックスに入れてよく冷やし、調理前や食べる前には必ず手を洗おう。

今夜は鍋《なべ》料理にしよう

鍋料理のいいところ

寒くなってくると鍋料理の季節です。寒い季節には家族やチームのみんなで温かい鍋を囲みましょう。鍋料理は準備や後片付《あとかたづ》けが簡単《かんたん》なので小・中学生でも作ることができる、家族団らんやチームのみんなと一緒《いっしょ》に楽しく食事ができるというだけでなく、栄養学的にも優《すぐ》れた料理です。まず、鍋料理には油をほとんど使わないうえに、魚や肉もタラや鶏肉《とりにく》のような脂質《ししつ》の少ないものを入れるので低脂《ていし》質《しつ》にすることができます。次に、豆腐《とうふ》、肉、魚とたんぱく質源《げん》になるものも十分に入っています。さらに、煮た野菜はかさが減り、たくさん食べられるのでビタミン類や食物繊維《しょくもつせんい》をたっぷり補給《ほきゅう》できま

す。そのほかに、きのこ類やしらたきなど低エネルギーで食物繊維の多い食品もたくさん食べられます。鍋のような温かい料理は体の内側から温まるので、かぜ予防にも役立ちます。

しっかり加熱して食べよう

気温が下がり食中毒の発生は夏場に比べて少ないとはいえ、油断はできません。近年、冬になるとノロウイルスによる体調不良が話題となっています。このウイルスはきちんと加熱さえすれば死滅《しめつ》するので、中に入れる具は必ず加熱してから食べましょう。鍋料理の定番、かきは亜鉛《あえん》を多く含《ふく》むのでぜひ食べてほしいのですが、しっかり加熱しないとおなかをこわす原因となります。くれぐれも生や生煮《なまに》えの状態では食べないようにしましょう。

ご飯も忘れずに

鍋料理の最後は、ご飯を入れて雑炊《ぞうすい》にしたり、うどんを入れて煮込《にこ》みうどんを作るのが定番です。

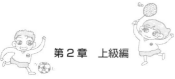

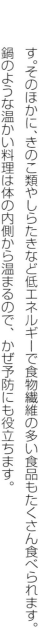

しかし、これだけでは小学校高学年以上の食べ盛《ざか》りの選手たちには糖質《とうしつ》・エネルギー不足となってしまいます。そこで、鍋料理のときはご飯を食べながら、鍋をつつくようにしましょう。鍋の中におもちを入れるのもいいですね。さらに残りのだし汁《じる》にご飯やうどんを入れて雑炊・煮込みうどんで仕上げとしましょう。鍋の中のだし汁には肉・魚・野菜などから出た、たくさんのうま味が絡《から》み合っているので、とてもおいしい雑炊や煮込みうどんができ、最後まで食が進むことでしょう。

鍋料理はとてもヘルシー！

鍋料理は油をほとんど使わないうえに、たらや鶏肉などを使って低脂肪にすることができます。

鍋で野菜をたくさん食べよう！

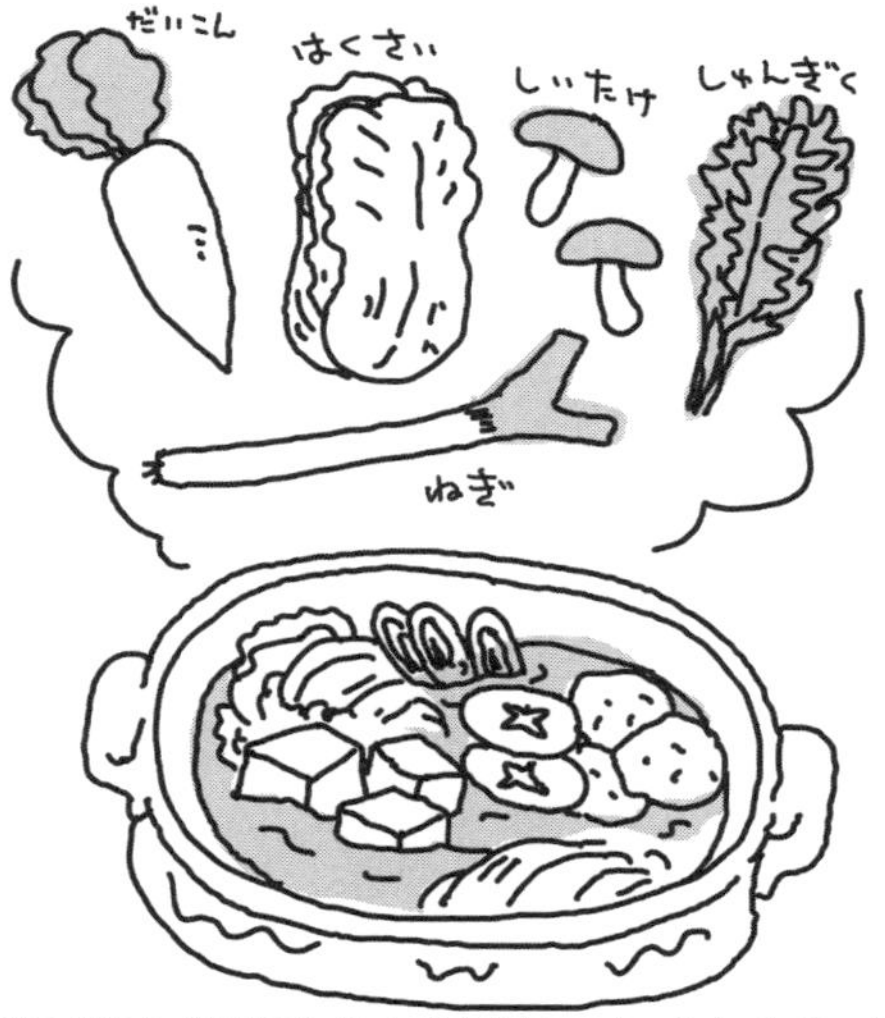

鍋で煮た野菜はかさが減り、たくさん食べられます。ビタミン類や食物繊維《しょくもつせんい》をたっぷり補給できます。

鍋料理はしっかり火を通して！

鍋の中の具はしっかり火を通してから食べましょう。加熱によってウイルスは死滅します。

ご飯も忘れずに！

スポーツをする人は、鍋料理だけではエネルギー不足になります。ご飯も食べながら鍋を楽しみましょう。

試験勉強のときの夜食はどんなものがいいの？

効率のよい勉強をするにはどんな栄養素が必要なの？

昔から「文武両道」というように、学生の間はスポーツだけではなく、勉強もとても大切です。うまく頭を働かせ、効率よく勉強するためには、脳《のう》にもエネルギーを補給《ほきゅう》しなければなりません。車がガソリンがなくなってしまうと走れなくなってしまうように、脳もガス欠《けつ》になるとうまく働かないのです。脳の重さは全体重の2％ほどですが、脳が消費するエネルギー量は体全体が消費するエネルギー量の20％にもなります。脳は小さいけれども、たくさんエネルギーを必要とする器官なのです。しかも、脳のエネルギー源の大部分はブドウ糖です。

また、脳で使ったブドウ糖は二酸化炭素と水に分解されてしまうので、再利用することができません。

そのため、脳は常に多くのブドウ糖を必要としています。夜遅くまで勉強していると、夕食をとってからかなり時間がたっているので、おなかがすいてきます。おなかがすくと血液中のブドウ糖の量が減ってきます。すると当然、脳にも十分なブドウ糖が行き渡《わた》らず、効率のよい勉強ができなくなってしまうのです。

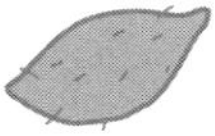

どんな夜食がいいの？

まず、脳のエネルギーとなるブドウ糖、つまり糖質の多い食べ物を選びましょう。ご飯、パン、めん、いも、バナナといった食べ物です。次に、体温を温めてやる気を出すためにたんぱく質の食品を加え、さらに温かい食事にしましょう。たんぱく質は体を温める力が大きいのです。そして、夜食を食べて勉強した後は眠《ねむ》るのですから、消化のよいものにすることが大切です。香辛料《こうしんりょう》を使った料理や油っこい料理は胃に負担《ふたん》がかかるのでやめましょう。卵を落とした煮込《にこ》みうどんや雑炊《ぞうすい》は夜食にピッタリです。夜食作りに時間をかけられないようだったら、チーズトーストやお茶漬《づ》けでも十分です。

カップラーメンの夜食はダメ

カップラーメンは炭水化物が多く温かい食べ物ですが、めんを油で揚《あ》げてあるものが多いので、高カロリーで脂質《ししつ》のとりすぎになってしまいます。また、温かいからといって汁《しる》を全部飲んでしまうと塩分のとりすぎにもなってしまうので注意しましょう。スナック菓子《がし》も油が多いので、避けるようにします。夜食はあくまで「翌朝《よくあさ》の朝食までをつなぐ間食」です。食べすぎて朝ごはんが食べられなくなってしまわないよう、量にも気をつけてください。

テストは朝から始まります。朝ごはんを食べないと、体にエンジンがかからず、脳もフル回転せず、テスト本番で悔《くや》しい思いをすることになりかねません。夜食はあくまで試験勉強中の緊急《きんきゅう》対策《たいさく》としてとどめた方がよいでしょう。ふだんは早寝《はやね》早起きに努め、毎日朝ごはんをしっかり食べ学校の勉強に集中できるようにすることをまずは心がけましょう。

考えるためにもエネルギーは必要です！

脳が消費するエネルギー量は体全体が消費するエネルギー量の20％にもなります。考えたり、頭を働かせるためには脳にもエネルギー補給が必要です。

試験勉強中はどんな夜食がいいの？

脳のエネルギー源となる糖質が多く、消化のよいものを中心に、体を温めるたんぱく質の食品も加えるとよいでしょう。

カップラーメンやスナック菓子の夜食はNG！

カップラーメンやスナック菓子を夜食にすると、油や塩分のとりすぎになります。胃がもたれ、翌日の朝ごはんがしっかり食べられなくなります。

夜食を毎日の習慣にしない！

夜食はあくまでも夜遅くまで勉強したときの「朝食までのつなぎの間食」です。ふだんは早寝早起き、そして朝ごはんをしっかり食べることをまず心がけましょう。

第３章

フィジカル編

体を大きくするにはどうしたらいいの？

「体を大きくする」とは？

「体を大きくする」というと「背を伸《の》ばす」という意味で使われることもあれば、「全体的に大きくなる」といった意味で使われることもあります。ここで、この2点から「体を大きくする」ためにはどうしたらよいのかお話しします。

背を伸ばす

身長を伸ばすためには、まず筋肉《きんにく》の材料となるたんぱく質と、骨《ほね》の材料となるカルシウムが欠かせ

ません。スポーツをしている子どもは、たんぱく質とカルシウムを豊富に含《ふく》む牛乳を毎日飲むようにしましょう。学校の給食で牛乳が出ているかもしれませんが、給食で飲むだけでは少ないので、朝食・夕食にも飲むようにしましょう。もし、牛乳が飲めないようだったら豆乳《とうにゅう》でもよいでしょう。牛乳以外にも、たんぱく質を多く含む肉や魚、カルシウムを多く含む小魚や海藻《かいそう》類も毎日とりましょう。

また、身長を伸ばすためには、運動も必要です。トレーニングで骨に適度な負担《ふたん》がかかることで、強く大きい骨がつくられるからです。そして、十分な睡眠《すいみん》です。なぜなら、体の成長を促《うなが》す成長ホルモンは夜中の11時から2時ごろにかけて活発に分泌《ぶんぴつ》されるからです。昔から「寝《ね》る子は育つ」といわれてきたとおりなのです。

全体的に大きくなる

筋肉のついた大きな体をつくる、そしてパワーを強化するためにはウエートトレーニングは欠かせませんが、食事もトレーニングと同じくらい重要です。まず、体を大きくするためにはご飯、めんなどの主食の量を増やし、エネルギーをたくさんとりましょう。次に、筋肉の材料となるたんぱく質も多くとりましょう。エネルギーをたくさんとるためには、練習前後に間食をとり、食事回数を増やすのがベターです。間食では、おにぎりやパン、バナナのような食品を選択《せんたく》し、お菓子《かし》は避《さ》けましょう。お菓子のとりすぎは脂質《ししつ》のとりすぎにつながり、結果として体脂肪《たいしぼう》を増やすことになってしまいます。体脂肪が増加しても、パワーを強化させることはできません。また、たんぱく質を十分にとるために、

毎日必ず牛乳を飲むようにしましょう。

小学生の保護者がよく心配することは…

小学生の保護者からは「背が低い」「細くてひょろひょろした体格だが大丈夫《だいじょうぶ》か?」という相談を受けることがあります。小学生のうちは、まだ骨や筋肉が急激《きゅうげき》に成長する時期ではありません。お子さんの体が小さく細くても今から焦《あせ》る必要はありません。というのも、成長の順番としてまず先に身長が伸び、その後に筋肉がついてがっしりとした体格になるからです。体づくりの素材である栄養素を毎日しっかりとって、よく遊び、よくスポーツをして、ぐっすり眠れば、思春期にはきっと立派《りっぱ》な体格に育つでしょう。

背を伸ばすためには？

たんぱく質とカルシウムを豊富に
含む牛乳を毎日飲もう！
牛乳が苦手なひとは豆乳を。

牛乳以外にもカルシウムの豊富な小魚や海藻類も毎日とろう！

運動と睡眠も大切です！

運動と十分な睡眠も背を伸ばすためにはとても大切なことです。

パワーを強化するには？

練習の前後に、おにぎりやパン、バナナなどの間食と牛乳をとろう。お菓子を間食にするのはやめよう。

成長には順番があります！

まず先に身長が伸び、その後に筋肉がつきます。体づくりに大切な栄養素をしっかりとって、よく遊び、よく運動して、ぐっすり眠ろう！

筋力《りょく》アップの食事

筋肉をつけるためには?

「今年こそ筋肉トレーニングをしっかりして、筋力アップしたい」こう思っている選手の方は多いのではないでしょうか。でも筋肉をつけるためにはトレーニングだけでなく、食事、休養も大切です。この3つのどれか一つでも欠けたら、強い筋肉をつくることはできません。

筋肉は筋線維《きんせんい》という線維状の構造が束になってできています。筋力トレーニングによって筋肉に負荷が加わると筋線維に傷《きず》がつきます。すると体は筋肉の傷を治し、さらにもっと強靭《きょうじん》な筋肉をつくろうとします。けがをしても、自然に治るのと同じですね。その結果、筋線維が太くなって筋肉の量が増えるのです。また、筋力トレーニングによって筋肉つくりを促《うなが》す成長ホルモンの分泌《ぶんぴつ》が高まります。

筋肉をつけるための食事のポイントは？

筋肉の主な構成成分はたんぱく質と水分です。筋力トレーニングによって筋線維に傷がつき、筋たんぱく質が破壊《はかい》されるので、食事で十分なたんぱく質をとることが大切です。また、筋たんぱく質の合成が活発になるのはトレーニング終了《しゅうりょう》後から2時間くらいの間ですが、食事でとったたんぱく質は消化・吸収《きゅうしゅう》されてアミノ酸にならないと筋肉づくりに使われません。筋力トレーニングが終わってから30分以内、遅《おそ》くとも1時間以内に食事をとるようにすると、筋たんぱく質の合成が活発になっている間に食事でとったたんぱく質がアミノ酸となって筋肉づくりに使われます。このとき、たんぱく質の多い食事をとるのは大切ですが、たんぱく質の多い食品は脂質《ししつ》も多く含《ふく》んでいます。必要以上にとったたんぱく質は筋肉づくりには使われずに体脂肪《たいしぼう》になってしまうので、食べすぎには注意しましょう。

また、糖質《とうしつ》はトレーニングで消費したエネルギーを速やかに補給《ほきゅう》し、たんぱく質と同時にとることで、筋肉をつくる働きがさらに高まります。ご飯などの糖質の多い食品も一緒に食べ、さらに野菜や海藻《かいそう》などのおかず、果物と満遍《まんべん》なく食べるようにしましょう。トレーニング場所から自宅《じたく》までの距離《きょり》が長いなどの理由ですぐに食事がとれないようでしたら、たんぱく質と糖質の多い補食《ほしょく》（おやつ）をとってください。たとえば、バナナとヨーグルト、肉まんとオレンジジュース、さけおにぎりと牛乳、という組み合わせの補食がいいですね。

筋肉づくりに休養が大切なのはどうして？

筋肉をつくる働きは、活動時間よりも睡眠《すいみん》中に高まります。睡眠に入ると、成長ホルモンが分泌され、たんぱく質を合成する作用が強くなります。「寝《ね》る子は育つ」といわれているとおりなのです。夕食後、睡眠前に筋力トレーニングをするのもよいでしょう。適切な栄養素の補給や十分な休養がとれないと、トレーニングをしても筋力は現状《げんじょう》維持《いじ》もしくは下降《かこう》の一途《いっと》をたどってしまうのです。そのため、筋力トレーニングと食事・休養は大変重要になります。

筋力アップのためには…

トレーニングだけでなく、食事や休養も大切です。

トレーニング後の食事が大切です！

トレーニング後30分〜1時間以内に食事をすると、食事からとったたんぱく質が筋肉づくりに使われます。

トレーニング後の補食（おやつ）を見直そう！

トレーニング後すぐに食事ができないときには、たんぱく質と糖質が多く栄養バランスのよい補食（おやつ）をとりましょう。

寝る子は育つ！

筋肉をつくる働きは活動時間より睡眠時間に高まります。また十分な休養がとれないと筋力はアップしません。

スタミナをアップしよう

スタミナ料理といえば?

夏になると「夏のスタミナ料理を食べよう」といろいろなメニューが雑誌《ざっし》などでよく紹介《しょうかい》されます。「スタミナ」といえば、「焼き肉」「ピリ辛《から》」「うなぎ」などといったメニューを連想する人が多いと思います。おいしいそうなにおいがするこのようなメニューは食欲《しょくよく》が進むので、スタミナがつくような感じがしますね。でも、このような料理を食べると本当にスタミナがつくのでしょうか。そもそもスタミナとは何のことを指すのでしょうか?

「スタミナ」って何？

スタミナという言葉を辞書で引いてみると「精力・持久力」とあります。「夏のスタミナ料理」は元気になる、夏ばて防止を目的にしているので、ここでのスタミナとは精力のことになります。一方、スポーツ選手にとっての「スタミナ」とは練習や試合で自分の力を発揮《はっき》し続ける持続力、すなわち「持久力」のことを指しています。スタミナを必要とする競技には陸上の長距離《きょり》走やサッカーやハンドボール、バドミントンなどがあります。これらの競技の特徴《とくちょう》は試合時間が長く、運動量が多いため筋肉《きんにく》の疲労《ひろう》が激《はげ》しいことです。

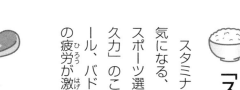

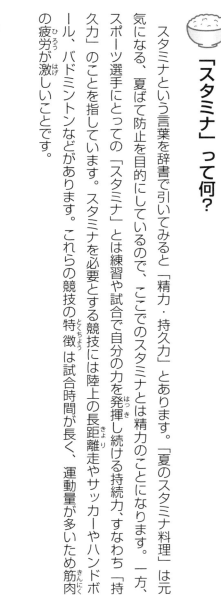

スタミナアップのために食事で気をつけることは？

スタミナアップ、すなわち持久力アップのためにまず大切なのは、エネルギー源《げん》となる糖質《とうしつ》を十分に補給《ほきゅう》することです。糖質源になるのはご飯、パン、めん類といった主食になる食品ですが、近年の食生活では肉や魚などのおかずのボリュームが多くご飯が少ない傾向《けいこう》があります。そこで、スタミナアップのためにはこれまでよりも意識してご飯を多く食べるようにしましょう。また、エネルギー源として補給した糖質が効率よくエネルギーとなるためにはビタミンが欠かせません。さらに、長時間の運動をこなすためには、酸素を血液にのせ、体のすみずみまで円滑《えんかつ》に行き届《とど》けさせることが必要となります。そのための対策《たいさく》として鉄も十分にとりましょう。筋肉の疲労が激《はげ》しいにもかかわらず食事のたんぱく質が少ないと疲労が回復しないばかりでなく、筋肉が消耗《しょうもう》してしまいます。また、サッカーやハンドボールのようなコンタクト（接触）プレーのある競技では体当たりしたときに筋肉が少ないと相手に力負けしてしまいスタミナが消耗する原因となるので、筋肉づくりのためのたんぱく質も大切です。

大盛《おおも》りの主食を中心とし、脂質《ししつ》を控《ひか》えめにした主菜や副菜を並《なら》べる食事スタイルをしていればスタミナアップが期待できるでしょう。

スタミナとは？

スポーツ選手にとっての「スタミナ」とは、競技の中で自分の力を発揮し続ける持続力をいいます。

主食でエネルギーチャージ！

スタミナアップのためには、エネルギー源となる炭水化物を十分に補給することが大切です。

エネルギーだけではだめ！

糖質（炭水化物）をエネルギーに効率よく変えるためのビタミン、体に酸素を運ぶための鉄、そして疲労回復や丈夫な体づくりのためのたんぱく質も欠かせません。

スタミナ食は主食を主としたバランス食！

主食を食べずに、おかずばかり食べていませんか？　スタミナアップのためには主食をしっかり食べ、脂質を控えめにした主菜や副菜をバランスよく食べましょう！

瞬発力《しゅんぱつりょく》をつけるにはどんな食事がいいの？

瞬発力とは？

瞬発力とは瞬間的に大きな力（パワー）を発揮《はっき》する能力のことをいい、陸上の短距離《きょり》や投てき、水泳の短距離、体操《たいそう》競技のような数秒から1分程度の短時間で行う競技において重要な要素です。また、競技時間が長いサッカーやバレーボール、バドミントンなどの球技においても、力強いシュートやスパイク、スマッシュを打つためには瞬発力が必要になってきます。前項で、球技では持久力が大切ということをお話ししましたが、持久力だけではなく得点に結びつく決定打を打つための瞬発力も球技においては必要です。したがって、球技種目の選手は持久力と瞬発力の両方を高めていく必要があります。

瞬発力アップには筋力《きんりょく》アップ

瞬発力は筋肉から生まれます。したがって、瞬発力アップのためには筋肉量を増やし、筋力アップさせることが大切です。筋力アップのためには、まず筋力トレーニングを十分に行いましょう。そのうえで、筋肉の材料となるたんぱく質を適切にとります。また、体脂肪《たいしぼう》が多いと、同じ筋肉量であっても体重そのものが重くなり動きが悪くなるため、余分な体脂肪を増やさずに筋肉の割合《わりあい》を大きくすることも瞬発力アップには大切です。ただし、「体脂肪を増やさない」ことは「体重を増やさない」ことではありません。成長期の体重増加は自然なことですから、無理なダイエットは絶対にしないようにしましょう。

瞬発力をつけるための食事

瞬発力をつけるためには必要なエネルギーを十分に確保すること、エネルギー源となる糖質《とうしつ》・たんぱく質・脂質《ししつ》の割合に気をつけることが大切です。たんぱく質は筋肉の材料となりますが、エネルギーが十分でないとエネルギーをつくるために使われてしまい、筋肉づくりに回らなくなってしまうからです。しかし、筋肉の材料になるからといってたんぱく質をたくさんとればいいというものでもありません。たんぱく質が筋肉づくりに使われるのは体重1kg当たり2gまでといわれており、過剰《かじょう》

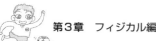

にとられたたんぱく質は体脂肪になってしまうのです。また、体脂肪増加につながる脂質のとりすぎにも注意します。

　多くの子どもが大好きな肉類は、たんぱく質源《げん》でもあると同時に脂質も多く含《ふく》んでいます。肉ばかり食べずに魚や大豆製品などからもたんぱく質を補給《ほきゅう》しましょう。牛乳を低脂肪乳にしてみるのも一つの方法です。調理法でも油を使わない煮物《にもの》や蒸《む》し物《もの》などをもっととり入れてみてください。また糖質はエネルギー確保のために重要なものですが、とりすぎはやはり体脂肪増加につながってしまいます。

　現在の小・中学生の食生活を見ると、脂質エネルギー比の平均値が男子で29.5%、女子で30.2%となっています（令和元年　国民健康・栄養調査）。『日本人の食事摂取基準（2020年版）』では、脂質エネルギー比の目標量を20〜30%としていますが、女子ではこの範囲を超えていますし、男子も上限ぎりぎりです。脂質のとりすぎにならないよう注意しながら、糖質とたんぱく質も適切な量をとり、バランスよく必要なエネルギーを確保していけば、瞬発力を低下させてしまうようなことはないでしょう。

瞬発力アップのためには筋力アップ！

筋力アップには、まず筋力トレーニングを十分に行い、筋肉の材料となるたんぱく質を、おもにエネルギー源となる糖質や脂質との割合に気をつけながら適切にとります。

たんぱく質は“量”ではなく、食べ方、食べ合わせなど“質”を考えて！

たんぱく質は筋肉の材料ですが、食事のエネルギーが十分でないとエネルギーをつくるために使われ、筋肉づくりには回りません。また過剰にとると、体脂肪になってしまいます。

脂質は適切にとろう！

脂質はエネルギーの確保のために重要ですが、とりすぎは体脂肪増加につながります。体脂肪が多いと、同じ筋肉量でも体重そのものが重くなり、動きが悪くなってしまいます。

脂質をとりすぎずにたんぱく質をとる！

現在の子どもの食生活は脂質がやや多めです。たんぱく質は脂質の多い肉ばかりでなく、魚や大豆製品などからもとりましょう。また油を使わない煮物や蒸し物なども料理にとり入れましょう。

疲《ひ》労《ろう》を回復するには

「疲《つか》れ」の原因は?

「毎日の練習が大変で、もうくたくた。どうして疲れがとれないのだろう?」と思っている選手もいるのではないでしょうか。

疲れのおもな原因は体を動かすエネルギー源《げん》がなくなってしまったこと、筋肉《きんにく》がダメージを受けたことです。体を動かすためのエネルギーはグリコーゲンを材料にして筋肉でつくられます。グリコーゲンは摂取《せっしゅ》した糖質《とうしつ》からつくられ、筋肉や肝臓《かんぞう》に蓄《たくわ》えられます。運動によってグリコーゲンが使い果たされてしまうと、エネルギー源がないので筋肉が動かなくなってしまうのです。また、運動によって筋肉そのものも損傷《そんしょう》を受けて疲労の原因となります。

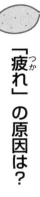

食べなければ疲労は残ってしまう

疲れをとるためには、まず空っぽになってしまったエネルギー源を補《ほ》充《じゅう》すること、次に、ダメージを受けた筋肉そのものを修復させるために、筋肉の材料であるたんぱく質も十分にとることです。人間は食事をとらないとエネルギーやたんぱく質をとり入れることができないので、どんなに疲れていても必ず食事をとるようにしましょう。食事をとらなければ、疲れはとれないのです。朝食を抜くのも絶対にいけません。

疲れを残さないためには、どんなに疲れていても必ず食事をとろう！

規則正しい生活と十分な睡眠《すいみん》も忘れずに

夕食を済《す》ませたら早めにおふろに入り、寝《ね》るようにしましょう。だらだらとテレビを見たり、まんがを読むなどして夜ふかしをしないようにしましょう。夜ふかしをして寝不足になってしまうと、疲労をとり除《のぞ》くことができず翌日の生活リズムが崩《くず》れてしまうからです。もし、疲労がとり除かれることなくトレーニングをくり返したら、効果が表れないどころか、けがの発生につながってしまうので注意しましょう。

疲れたときは早めにおふろに入り、早く寝て睡眠を十分にとろう！

練習が終わったらすぐに食事をとろう

私たちの体には、運動によって空っぽになったグリコーゲン（エネルギー源）を回復させたり、ダメージを受けた筋肉を修復させる働きがありますが、この働きは運動直後に高まります。グリコーゲンは食事からとった糖質《とうしつ》、筋肉はたんぱく質を材料につくられているので、疲労をとり除くためには運動後できるだけ速やかに糖質とたんぱく質を補給することです。糖質とたんぱく質を運動直後に同時補給すると、糖質だけのときよりもグリコーゲンの回復がさらに高まります。なお運動後、長時間にわたって空腹《くうふく》で過ごすと、グリコーゲンや筋肉の回復力を低下させてしまうので注意しましょう。練習後、1時間以内に食事をとるのがベストです。

どんな食事がいいのかな

まず、糖質が多く含《ふく》まれている米、パン、うどん、バナナなどをとりましょう。次に、糖質からエネルギーをつくるときに必要なビタミンB_1です。ビタミンB_1は豚肉やうなぎ、まぐろ、かつおなどに多く含まれています。そして、筋肉や肝臓のグリコーゲンを回復させる働きがあるクエン酸です。クエン酸が多く含まれているのはかんきつ類、梅干《うめぼ》しといった酸《す》っぱい食べ物です。さらに筋肉を修復させるため、たんぱく質源の肉や魚、大豆製品などのおかずもしっかり食べましょう。もし疲れて食欲《しょくよく》がないようだったら、煮込《にこ》みうどん、雑炊《ぞうすい》、リゾット、鍋物《なべもの》、シチューなど、水分を多く含みじっくり煮込んだ料理などが食べやすく、胃腸への負担《ふたん》も軽減できるのでおすすめです

栄養ドリンクを飲んでもいいの?

最近はコンビニエンスストアでも手軽に栄養ドリンクが買えるようになりました。テレビのＣＭなどの影響《えいきょう》もあり、いろいろなビタミン類が多く入っている栄養ドリンクを飲むと、疲れがとれる・効くという感じを受けるかもしれません。しかし、栄養ドリンクを飲むと「効く」と感じるのはカフェインなどの神経を興奮《こうふん》させる物質が入っていることも理由の一つです。つまり、疲れがとれたような感じがするだけで、根本的な疲労回復ではありません。だから、栄養ドリンクを飲むよりも先に食事をきちんととること、休養を十分にとることの方が大切です。また、栄養ドリンクにはアルコールが入っているものがあります。お酒に入っているアルコールと同じですから、未成年の人はもちろん飲んではいけないものです。

疲れの原因は？

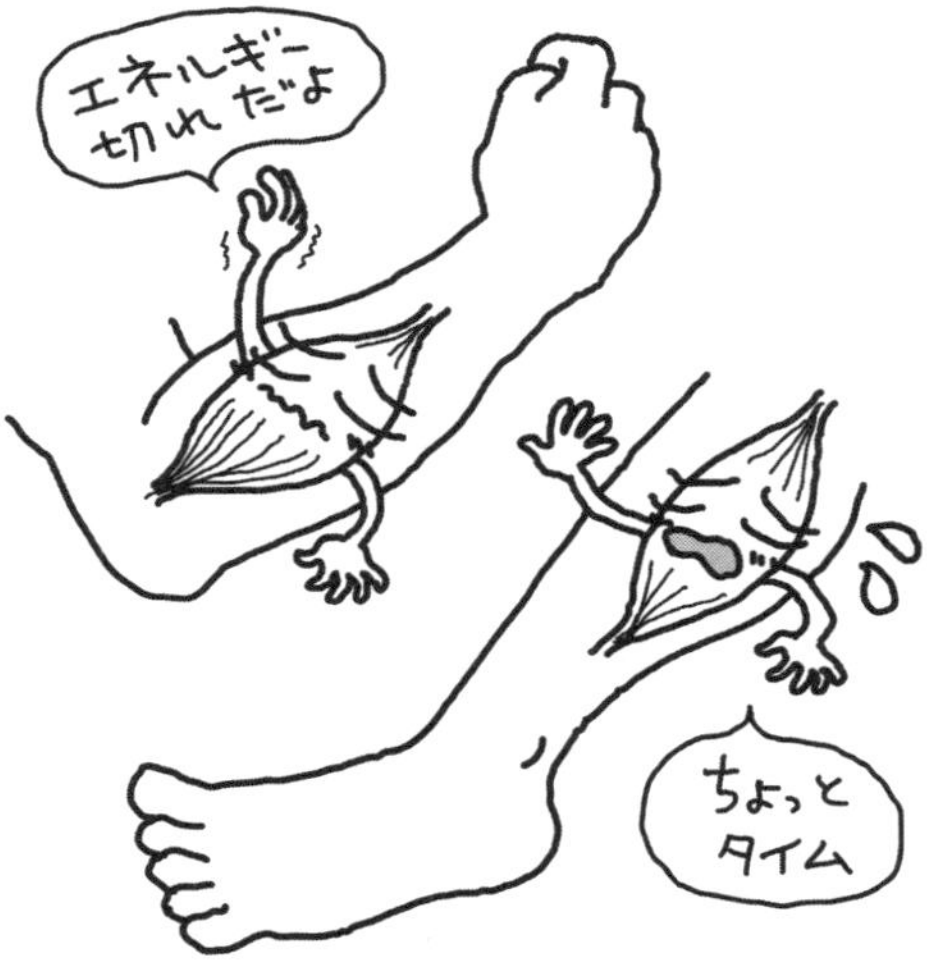

体を動かすエネルギー源がなくなってしまったり、筋肉がダメージを受けたりしたことが、おもな原因となります。

エネルギーの補充が大切！

どんなに疲れていても、必ず食事をとりましょう。とくに朝食を抜くのはいけません。

糖質、ビタミン B_1、クエン酸を意識してとる！

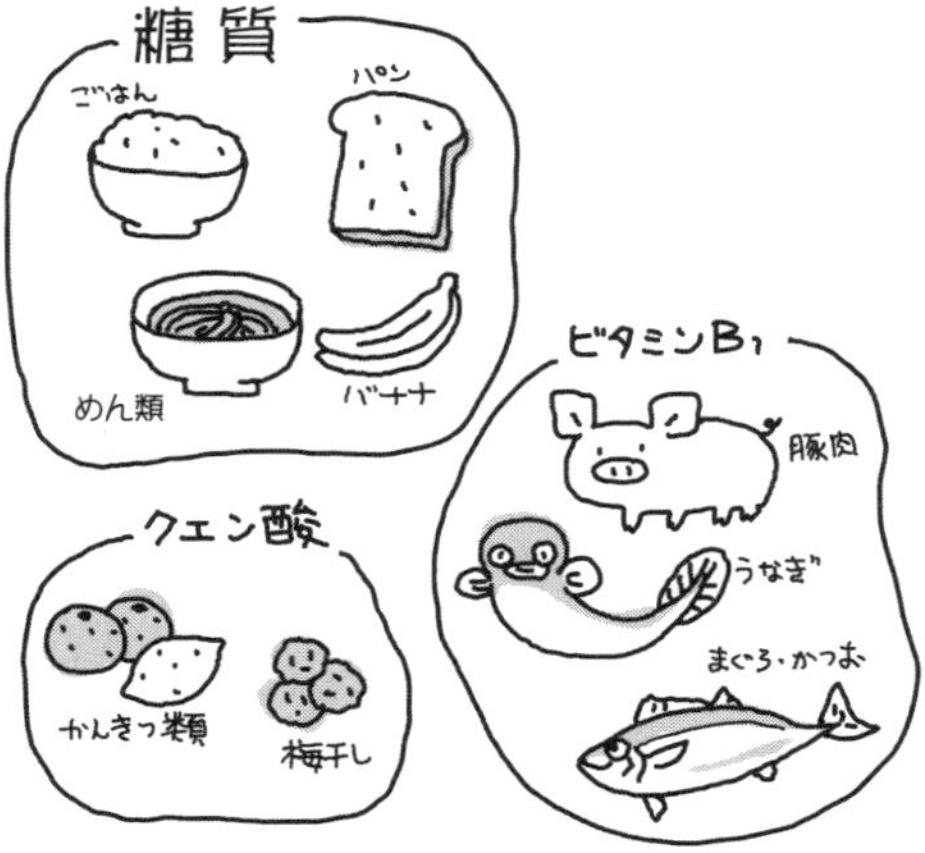

糖質はエネルギーとなります。ビタミン B_1 は糖質からエネルギーがつくり出されるときに必要な栄養素。クエン酸はグリコーゲン合成を促してくれます。

栄養ドリンクには頼りません！

栄養ドリンクを飲むよりも、食事をきちんととり、十分に休養することの方が大切です。

骨《ほね》を丈夫にするには

骨は何からできているの？

スポーツ選手にとって、強くて丈夫《じょうぶ》な骨をつくることはとても大切なことです。私たちの体を構成する骨は大小約200個あり、その構造は、皮質骨《ひしつこつ》という外側の硬《かた》い部分と海綿骨《かいめんこつ》という内側の軽石のような部分の2つの組織からできています。そして骨のおもな成分は、コラーゲン線維《せんい》、リン酸カルシウム（ハイドロキシアパタイト）やマグネシウム、ナトリウムなどのミネラル（無機質）です。骨を建築物にたとえると、コラーゲン線維という鉄筋《てっきん》の周囲を、カルシウムがコンクリートのようにしっかりと固めていることになります。骨がつくられるときは、まずたんぱく質の一種であるコラーゲン線維が生成され、そこへカルシウムを中心としたミネラルがくっついて完成します。

古くなった骨は骨を壊《こわ》す細胞《さいぼう》によって血液中に溶出《ようしゅつ》され、同時に新しい骨をつくる細胞によって形成され、常に入れ替《か》わっています。しかし、カルシウム不足や運動不足などにより全身の骨のカルシウムやコラーゲンの量が少なくなると、骨の内部がスカスカになってしまいます。その結果、骨が折れやすくなるのはもちろんのこと、変形しやすくなるため、神経痛《しんけいつう》や慢性《まんせい》の腰痛《ようつう》などの原因にもなってしまうのです。

強い骨をつくるためには?

骨の原料となるカルシウムやたんぱく質をきちんととることです。カルシウムは牛乳やヨーグルト、チーズ、豆腐《とうふ》、小魚、小松菜などにたくさん含《ふく》まれています。給食の牛乳をきらいだからといって残していませんか。骨の量が少ない人の食事を調べてみると、牛乳やチーズ、ヨーグルトのような乳製品がきらいということが多いそうです。たんぱく質は大豆や肉、魚、卵に多く含まれています。また、近年、ビタミンDやビタミンKなど、野菜、果物、魚などに含まれるいろいろな成分が骨づくりに大きくかかわっていることがわかってきました。ビタミンDはきのこや魚に、ビタミンKは納豆《なっとう》に多く含まれています。いろいろな食品から、いろいろな栄養素を摂取《せっしゅ》するように心がけ、なるべくカルシウム剤《ざい》などのサプリメントには頼《たよ》らないようにしましょう。

食事以外に注意することは？

体を動かして骨に適度な刺激《しげき》を与えると骨をつくる細胞が活性化するので、毎日運動するようにしましょう。1日に数時間でも日光を浴びるようにすると、カルシウムの吸収《きゅうしゅう》を高めるビタミンDが合成され、カルシウムを効率よく骨づくりに役立てることができます。また、ダイエットをしている女子もいるかもしれませんが、成長期のダイエットは骨に悪影響《あくえいきょう》を与《あた》えます。成長期にダイエットをすると、カルシウムなどの骨に必要な栄養素が不足するため、骨の量が増えなくなってしまうのです。成長期はカルシウムを骨にたくさん蓄《たくわ》えることができるベストな時期です。成長期にはカルシウムなどを十分にとり、運動をして丈夫な骨をつくりましょう。

骨は常に入れ替わっています！

古くなった骨を壊す細胞と新しい骨をつくる細胞のはたらきで、骨は常に入れ替わっています。

カルシウムやたんぱく質をきちんととろう！

骨の原料となるカルシウムやたんぱく質をきちんととろう。野菜、果物、きのこ、魚、納豆などに含まれるビタミン類も骨の成長にとって大切です。

体を動かすことも大切です！

体を動かして骨に適度な刺激を与えると骨をつくる細胞が活発に働きます。

成長期のダイエットは骨の成長に悪影響を及ぼします！

成長期はカルシウムを骨に蓄えることができるベストな時期です。将来の自分の健康のためにもしっかり食べましょう。

体重が増えたことが気になったときは？

本当に体重を減らす必要があるのかな？

成長期の子どもにとって体重が増加するのは自然なことであり、逆に体重が増えない・減少するのは異常《いじょう》なことです。近年の調査で、やせ願望《がんぼう》や誤《あやま》った体形認識《たいけいにんしき》（肥満ではないのに「自分は太っている」と認識する）を持つ女子が増加しているだけでなく、低年齢化《ていねんれいか》していることが報告されています。肥満の児童・生徒が増加しているのもまた事実ですが、ほとんどの児童・生徒は体重を減らす必要のない標準体形です。太り気味であったとしても、成長期には身長も伸《の》びるので、それほど気にする必要はありません。ただし、医師から減量するように指示されたときは、医師の指示に従《したが》って減量してください。

体重を減らす目的

新体操《しんたいそう》など「美」を競う競技や、体操競技のように軽い身のこなしが要求される競技、陸上長距離《きょり》のように長時間にわたって自分の体を運び続ける競技では、体重が軽い方が有利とされ減量を行う選手は少なくありません。また、柔道《じゅうどう》やレスリングのような階級制競技では試合前に減量が必要となります。しかし、体重が減るのと同時に大切な筋肉《きんにく》まで減ってしまっては困《こま》ります。体重ではなく、体《たい》脂肪《しぼう》を減らすのが減量の目的です。日ごろから「体重を増やすな」というコーチもいるかもしれませんが、それは正しく言えば「体脂肪を増やすな」です。体脂肪だけを減らす減量方法を行いましょう。

なお、階級制競技で体脂肪の重量以上に減量しなければならないときは、階級を上げることもコーチと相談してみましょう。

減量するときの食事のポイント

短期間に大きく体重を減らそうとすると体調を崩《くず》す・筋肉を失う危険《きけん》が高いので、長期間で運動と食事を組み合わせて少しずつ減量しましょう。この減量方法は体脂肪だけを減らすことができます。

また、体重を減らしたいからといって食事を抜《ぬ》くのは禁物です。食事では、

① 野菜や豆類など食物繊維《しょくもつせんい》の多い食品を肉や魚よりも多くとる。

② 主菜となる肉や魚は低脂質《ていししつ》のもの（鶏《とり》ささみやたらなど）にし、油を多く用いない調理法にする。和風の料理・味付けが脂《あぶら》っこくならない。

③ ドレッシング類はノンオイルなど低エネルギーのものを選ぶ。

④ 飲み物は清涼《せいりょう》飲料水を避《さ》け、水やお茶にする。

といった点に気をつけましょう。減量期間中、練習量はふだんと変わりませんが食事の量は減るので、体の抵抗力《ていこうりょく》が落ちています。体調管理にはとくに気を配り、かぜなどをひかないように気をつけましょう。

成長期に体重が増えるのは ふつうです！

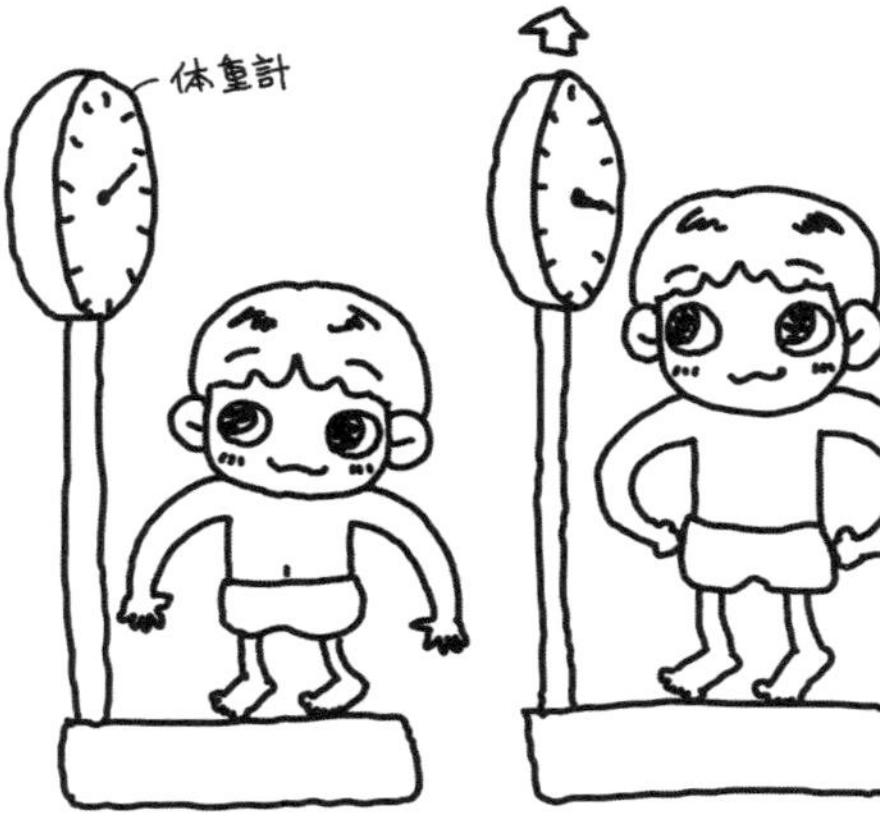

成長期に体重が増えるのは当たり前のことです。それほど気にする必要はありません。

「体重を増やすな」は「体脂肪を増やすな」という意味です！

もし減量が必要となった場合でも、体重ではなく、体脂肪を減らすことが目的となります。

減量が必要な場合は長期間で！

運動と食事を組み合わせて少しずつ体脂肪を減らしていきましょう。

体脂肪を減らすための食事とは？

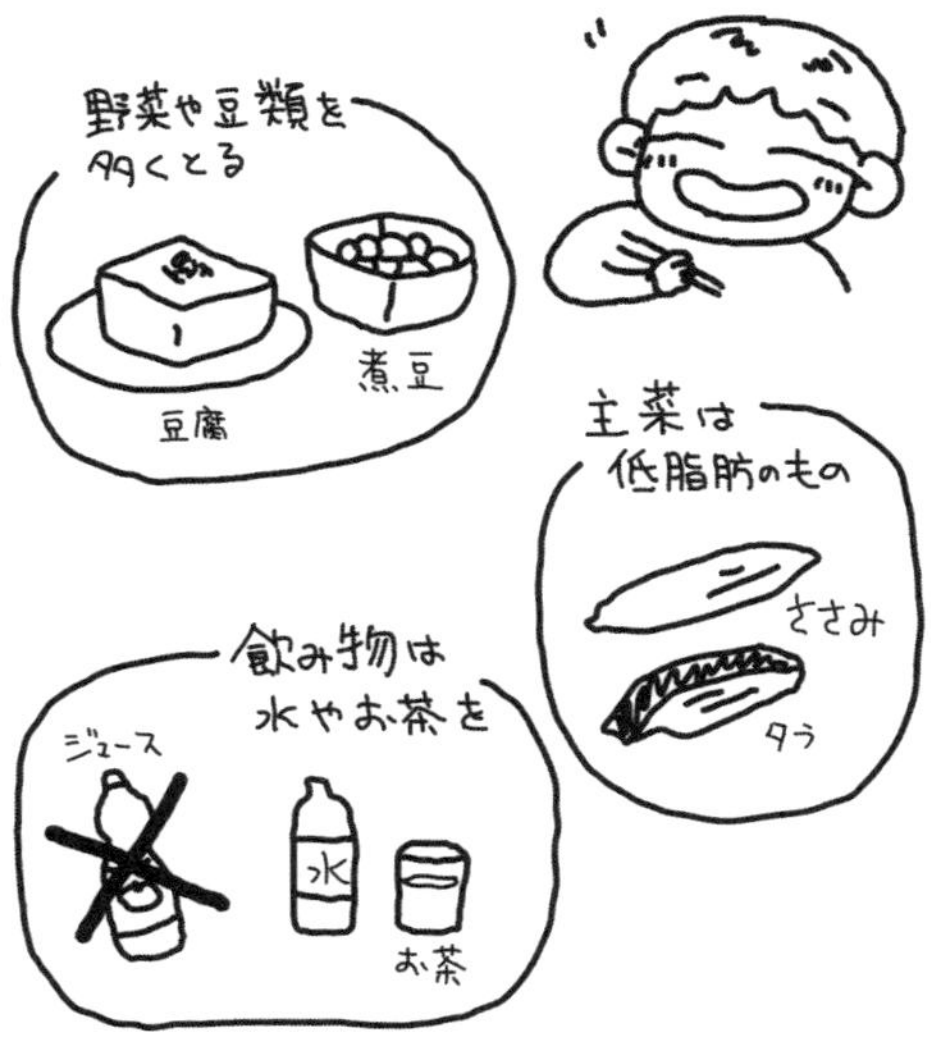

食事を抜くのは禁物です。減量期間中はとくに体調管理に気を配りましょう。

サプリメントは必要なの？

サプリメントってな～んだ？

サプリメントは、食事では不足しがちな栄養素を補足《ほそく》・追加するための「栄養補助《ほじょ》食品」と、十分な栄養素を摂取《せっしゅ》したうえでさらに競技力向上のために用いる「エルゴジェニックエイド（「運動能力増強剤」などと訳《やく》される）」の2種類に分けられます。栄養補助食品としては、たんぱく質をとるためのプロテイン、ビタミンやミネラル（無機質）をとるためのタブレット（錠剤《じょうざい》）、食事代わりに食べるビスケットのような固形状のもの、あるいはドリンク状になっている栄養調整食品とよばれるものがあります。市販《しはん》されているエルゴジェニックエイドとしては、アミノ酸やクレアチンといったものがあります。最近では、ドラッグストアでも、スーパー・コンビニでも手軽にサプリメントを購入《こうにゅう》でき

ます。しかし、サプリメントの使用にあたっては、本当にサプリメントが必要なのかをまず考える必要があります。

基本は毎日の食事

サプリメントはあくまでも補助食品ですから、3度の食事をきちんととることが前提となります。まず、朝は寝坊《ねぼう》しないで朝食をしっかり食べます。昼食は学校給食であれば残さずに全部食べ、お弁当であればご飯、たんぱく質のおかず、野菜のおかず、果物を満遍《まんべん》なく食べます。夕食では疲労《ひろう》を回復させ翌日《よくじつ》の練習に備えてきっちり食べます。また、食事から練習時間までに間があるようであれば間食もとります。このように、毎日きちんと食事をとれていれば、スポーツクラブや部活動でトレーニングを積む小・中学生選手にサプリメントは必要ありません。日常の食事で十分な栄養素をとることができます。また、スポーツをしているからといって特別な食材を用意したり、家族とは別の献立《こんだて》を立てる必要もないのです。（8ページ参照）

サプリメントに頼《たよ》らない、食事の土台を築こう

「日常の食事をおろそかにしてサプリメントに頼るのは、しっかりとした練習を積んで骨や筋肉を鍛《きた》えることなく、テーピングやサポーターに頼っているようなものだ」と言ったスポーツ指導者がいます。

まさに、その通りではないでしょうか。高校生以上になってハードな練習を積むようになったのであればサプリメントの使用も検討《けんとう》してよいでしょう。しかし、小・中学生の時期は健全な発育・発達をして健康でしっかりとした体づくりをすると同時に、きちんと3度の食事を食べるといった望ましい食習慣を身につけるときです。また子どもにサプリメントが必要なほどのハードな練習を行わせることは、健全な発育・発達の面からみても望ましいことではありません。サプリメントに頼らなくても十分な栄養素をとることのできる量の食事を自分で考えて食べられるように、まず「食べるトレーニング」をしてみましょう。

基本は毎日の食事！

小・中学生の間は日常の食事で十分な栄養をとれます。特別な食材を使ったり、家族と別の献立にしたりする必要はありません。

毎日の食事をきちんととったうえで利用するのがサプリメントです！

サプリメントは「食事を補う」という意味です。毎日の食事をおろそかにしてサプリメントに頼りすぎてはいけません。

小・中学生は、まず3食をきちんと食べる習慣を身に付けよう！

小・中学生の時期に、サプリメントが必要になるほどハードなトレーニングをすることは望ましくありません。

やろうよ「食トレ」！

食事も練習やトレーニングと同じくらい大切です。自分で考え、必要な栄養を食事からとる「食べるトレーニング」を心がけましょう。

第4章

メディカル編

貧血を予防するには

「貧血」とは?

　私たちの血液は血しょうという液体成分と赤血球、白血球、血小板という血球で構成されていますが、貧血にかかわる成分は赤血球です。赤血球の中にはヘモグロビンという赤い色素が詰まっていて、体内の各組織に酸素を運搬《うんぱん》しています。ヘモグロビンは、2価の鉄原子（Fe^{2+}）1個を含《ふく》むヘムと4個のグロビンが結合した複合たんぱくから成ります。

　血液中の赤血球数やヘモグロビンが減少すると酸素運搬能力が低下し、酸素が体に行き渡《わた》らなくなってしまい、その結果、息切れやめまい、顔色が悪くなる、疲れやすいといった症状《しょうじょう》が出てきます。これが貧血の症状で、血液を調べると赤血球数やヘモグロビン、血清《けっせい》鉄や血清フェリチンが低下して

いるのですぐにわかります。ほかにも、アッカンベーをするときのように下まぶたを下げると、まぶたの内側が白っぽくなっていたり、つめがスプーンのように陥没《かんぼつ》したりといった症状も出てきます。

どうして貧血になるの？

貧血になる原因は大きく分けると、①血液をつくる材料不足、②血液をつくる工場が動いていない、③血液をつくってもすぐに壊《こわ》れてしまう、の3つです。なかでも一番多いのはヘモグロビンの材料の鉄不足による「鉄欠乏性《てつけつぼうせい》貧血」です。運動によって汗から鉄が喪失《そうしつ》するため、慢性《まんせい》的な鉄欠乏性貧血になる選手もいます。さらに女子は月経による出血により、さらに鉄が体から出ていってしまうため、鉄欠乏性貧血に陥《おちい》りやすくなっています。

さらに陸上の長距離選手や剣道の選手などは、運動で跳《と》んだり、走ったり、衝突《しょうとつ》したりなどの物理的な衝撃《しょうげき》を受ける機会が多いので赤血球が破壊《はかい》されやすく、「溶血性《ようけつせい》貧血」を起こしやすくなります

貧血を防ぐ食べ物

貧血を予防・改善《かいぜん》するためのポイントは、①鉄を多く含む食品をとる、②良質のたんぱく質をとる、③ビタミンCを十分にとる、の3つです。食品に含まれる鉄には肉や魚などの動物性食品に含まれるヘム鉄と野菜や海藻《かいそう》などに含まれる非ヘム鉄の2種類があります。ヘム鉄を多く含む食品にはレバー、

あさりなどがあり、非ヘム鉄に比べ腸で吸収《きゅうしゅう》されやすい特徴《とくちょう》があります。非ヘム鉄を多く含む食品にはひじき、小松菜、大豆などがあり、ビタミンCと一緒《いっしょ》にとることで腸での吸収がアップするので、野菜や果物を積極的にとるようにしましょう。また、ヘモグロビンの材料となるたんぱく質も十分にとりましょう。

貧血は女子選手に多いと思われがちですが、国体男子高校生選手の約20%、男子中学生選手の約40%に貧血がみられたという報告もあり、女子選手だけの問題ではありません。男女ともスポーツ選手は鉄やたんぱく質、ビタミンCを積極的に食事からとるようにしましょう。

貧血とは？

赤血球やヘモグロビンの減少によって酸素運搬能力が低下し、酸素が体の中に行き渡らなくなってしまうために起こる症状です。

スポーツ選手こそ貧血に注意！

スポーツ選手は、運動などで赤血球が破壊される機会が多くなります。また汗からも血液の材料となる鉄が体の外へ出ていきます。

貧血を防ぐためには？

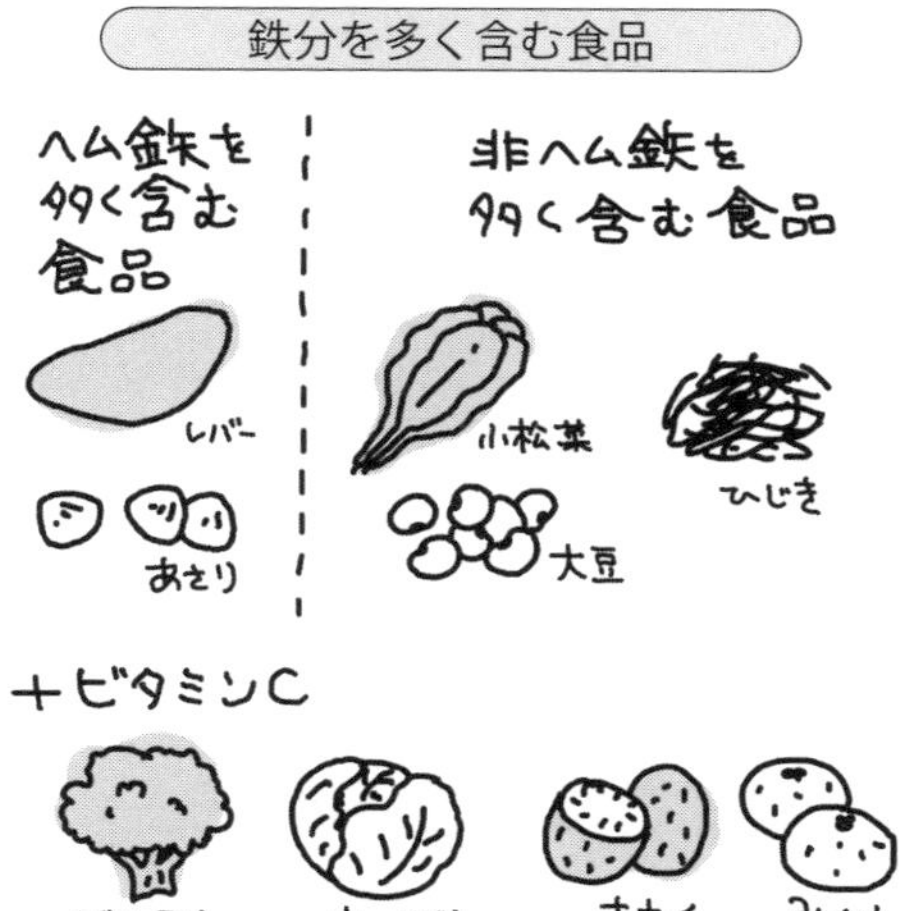

貧血を予防するには、①鉄を多く含む食品をとる、②良質のたんぱく質をとる、③ビタミンＣを十分にとる、の３つが大切です。

男子選手も貧血に注意！

貧血は女子に多いと思われがちですが、男子にも起こります。とくにスポーツをする人は貧血にならないよう、ふだんの食生活に気を配りましょう。

夏ばてを防ぐにはどうしたらいいの？

「夏ばて」って何だろう？

夏ばて、というのは夏の暑さからくる体調不良をまとめた言葉で、症状《しょうじょう》はさまざまです。暑さで食欲《しょくよく》が落ちてしまう、疲《つか》れがとれない、睡眠《すいみん》不足、おなかの調子が悪いといった症状を訴《うった》える人が多くみられます。

どうして、夏ばてになるの？

まず、暑さによって次のような悪循環《あくじゅんかん》が起こります。暑い→だるい・汗《あせ》をかくからのどが渇く・

食欲がない→清涼《せいりょう》飲料のとりすぎ→おなかがいっぱいになって食べたくない・胃が冷やされるために消化力が衰《おとろ》える→さらに食欲がない・おなかをこわす・栄養不足…。そのうえ、夏は熱帯夜のために寝《ね》苦しくて睡眠不足になりがちです。このような栄養や睡眠の不足の結果、体調が崩れて夏ばてを起こしてしまうのです。そのほかにも、冷房《れいぼう》が効いて乾燥《かんそう》している部屋から蒸《む》し暑い室外へと出入りするといった、暑さや湿気《しっけ》の急激《きゅうげき》な変化に体のリズムや体温調節のしくみがついていけないといったことも夏ばての原因となります。

夏ばて防止のためには、どんな食事を心がけるといいの？

「暑いから食欲がない、さっぱりしたものが食べたいから…」と、冷《つめ》たいそうめんばかり食べるような食生活は避《さ》けましょう。糖質《とうしつ》（炭水化物）ばかりに偏《かたよ》ってしまい、たんぱく質や脂質《ししつ》、ビタミン、ミネラル（無機質）といった他の栄養素が不足してしまいます。トマト、なす、ピーマン（パプリカ）、きゅうりなど夏野菜にはビタミンA、C、カリウムや水分が豊富なので、汗で失った水分やミネラルを補給《ほきゅう》するためにも積極的に食べましょう。また、香辛料《こうしんりょう》や酢《す》、みょうがや大葉などの香味《こうみ》野菜は食欲増進作用があります。夏ばて防止メニューの定番に「カレーライス」がありますが、カレーの辛《から》味《み》が食欲を増し、ご飯や肉、野菜をたくさん食べられるので理にかなった料理といえます。また、「夏ばてしないように、土用《どよう》の丑《うし》の日にうなぎを食べましょう」といわれますが、これは江戸時代に平賀《ひらが》源内《げんない》が「土用の丑の日にうなぎを食べれば夏負けすることなし」と宣伝《せんでん》したのが始まりといわれています。うなぎには良質のたんぱく質やビタミンが豊富に含《ふく》まれているので、夏ばて防止にはぴったりです。

クーラーはつけない方がいいの?

「クーラーによる冷《ひ》えは体に悪いとわかっているけれど、暑いと勉強の効率は悪くなるし、なかなか寝つけない」という人も多いでしょう。でも、「冷房病」という言葉があるように、クーラーによって夏ばてや胃腸の機能の不調などが生じるのは確かです。そこでまず、室温28℃を目安にクーラーをつけ、日中の気温が高い時間帯だけなどと時間も決めて、1日中クーラーをかけっぱなしにしないようにします。暑くて寝つけないときは、寝る前に部屋を冷やしておいたり、タイマーを利用するとよいでしょう。

夏ばての悪循環を断ち切ろう！

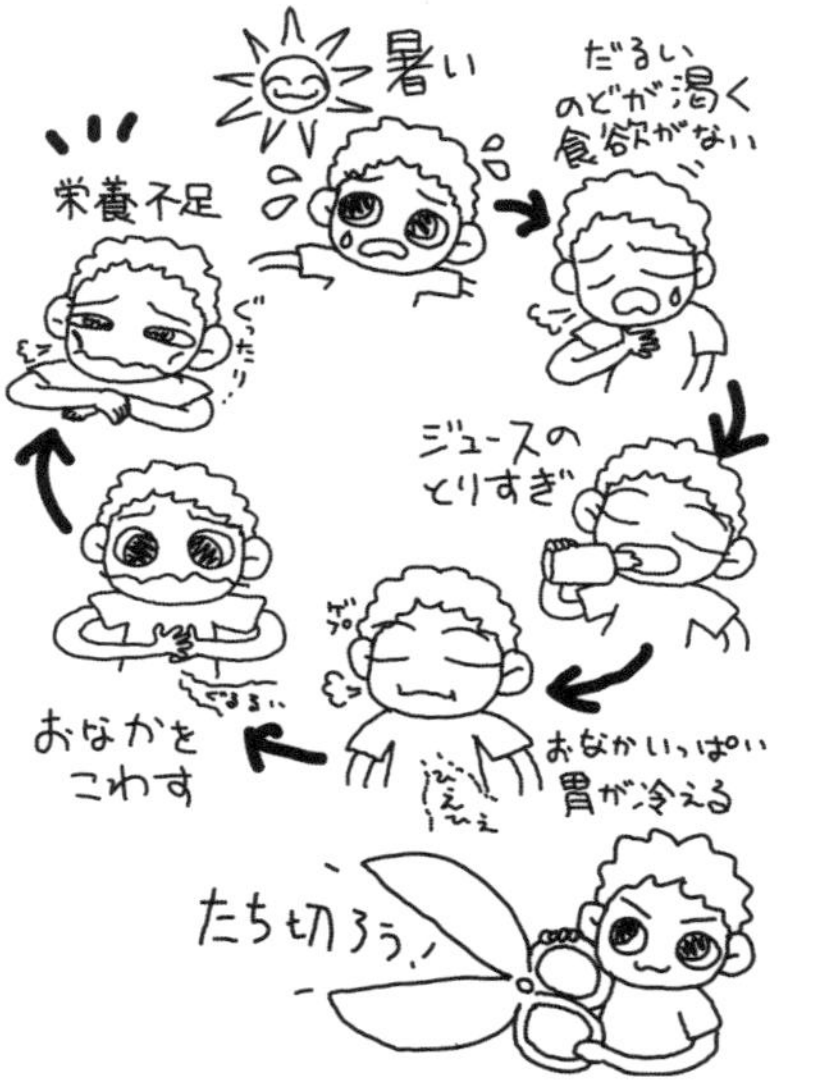

栄養不足や睡眠不足は夏ばての原因となります。

夏ばて予防には夏野菜を！

夏野菜にはビタミンＡ・Ｃ、カリウムや水分が豊富で暑い夏にぴったり！

暑い夏にはカレーがぴったり！

カレーの辛味が食欲を増し、ご飯や肉もたくさん食べられます。

クーラーに頼りすぎない生活を！

１日中かけっぱなしにしない。タイマーなども上手に利用しよう。

下《げ》痢《り》をしてしまったら

どうして下痢になるの？

練習しようと思ったら、おなかが痛《いた》くて、うんちは水のようでやわらかい…。それは下痢の症状です。下痢というのは、頻繁《ひんぱん》に便意をもよおし、排便《はいべん》回数が多くなるというだけでなく、便の水分量が多くなり、軟便《なんべん》やかゆ状の便となって出てくる状態のことをいいます。正常な便の水分含有《がんゆう》量は75～80％ですが、80％を超えると、便は本来の理想的な固形状の形を失い、ときには水のようになることもあります。腸の働きが正常な場合、食事などで摂取《せっしゅ》した食べ物は食道から胃を経て、10時間ほどで直腸のすぐ上のS字結腸《けっちょう》に達します。ここで消化された内容物から適当な水分が吸収《きゅうしゅう》されるために、適度な硬さの便がつくられるわけです。しかし冷たいものを食べすぎたり、クーラーに長時間あたっていたり、ウイルスが体に入ってしまったりすると、腸粘膜《ねんまく》からの水分分泌《ぶんぴつ》が多くなり、腸管内に異常な水分がたまってしまう、あるいは腸管内を内容物が必要以上の速度で通過してしまうことで、腸内での水分吸収がうまく行われない状態になってしまいます。そしていずれの場合も、腸内の状態や機能を正常に戻そうとして、腸自体の運動が異常に高まります。このため、水分が吸収されないまま液状や泥状《どろじょう》の便が排《はい》せつされて下痢になってしまうのです。

下痢のときはどんな食事がいいの？

下痢のときは水分も失われるため、脱水症状《だっすいしょうじょう》を併発《へいはつ》しないためにも適切な水分の補給《ほきゅう》が大切です。温かい番茶や湯冷《ゆざ》まし、あるいはイオン飲料などを飲むことをおすすめします。ポタージュなど濃度《のうど》のある飲料や炭酸飲料やコーヒーは腸を刺激《しげき》するので控《ひか》えましょう。

また、日本人は乳糖《にゅうとう》を分解する酵素《こうそ》の働きの低い人が多いため、牛乳も避《さ》けたほうがいいでしょう。

食べ物では、食物繊維《しょくもつせんい》の多い豆、いも、かぼちゃ、バナナや香辛《こうしん》料、脂《あぶら》っこいものは腸を刺激《しげき》するので控えましょう。やわらかく煮《に》た野菜や脂の少ない肉や白身魚、おかゆがおすすめです。症状が治まったら、様子を見ながら、ふだんの食事に戻《もど》していってください。体を冷やさないように、暖《あたた》かくして休んでいることも大切です。

下痢はすぐに治るの？

食べすぎや寝冷《ねび》えによる下痢は安静にしていれば1〜2日で治まります。でも、下痢以外に発熱やおう吐《と》があったら食中毒や感染症《かんせんしょう》かもしれません。必ず病院に行ってください。夏場は食べ物が傷《いた》みやすいので食中毒事故が大変多いのです。炎天下《えんてんか》に止めておいた車の中に放置した弁当を食べて食中毒…、というような事故が毎年のように起きています。また、スポーツドリンクなどを入れるジャグもいつも清潔にしておきましょう。

夏休みなどに海外旅行に出かける人もいるかもしれません。衛生状態のあまりよくない地域《ちいき》に行って下痢になってしまった場合は、赤痢《せきり》やコレラのような感染症にかかっている危険性《きけんせい》があります。「たかが下痢」と思わないようにしましょう。

下痢になったら…

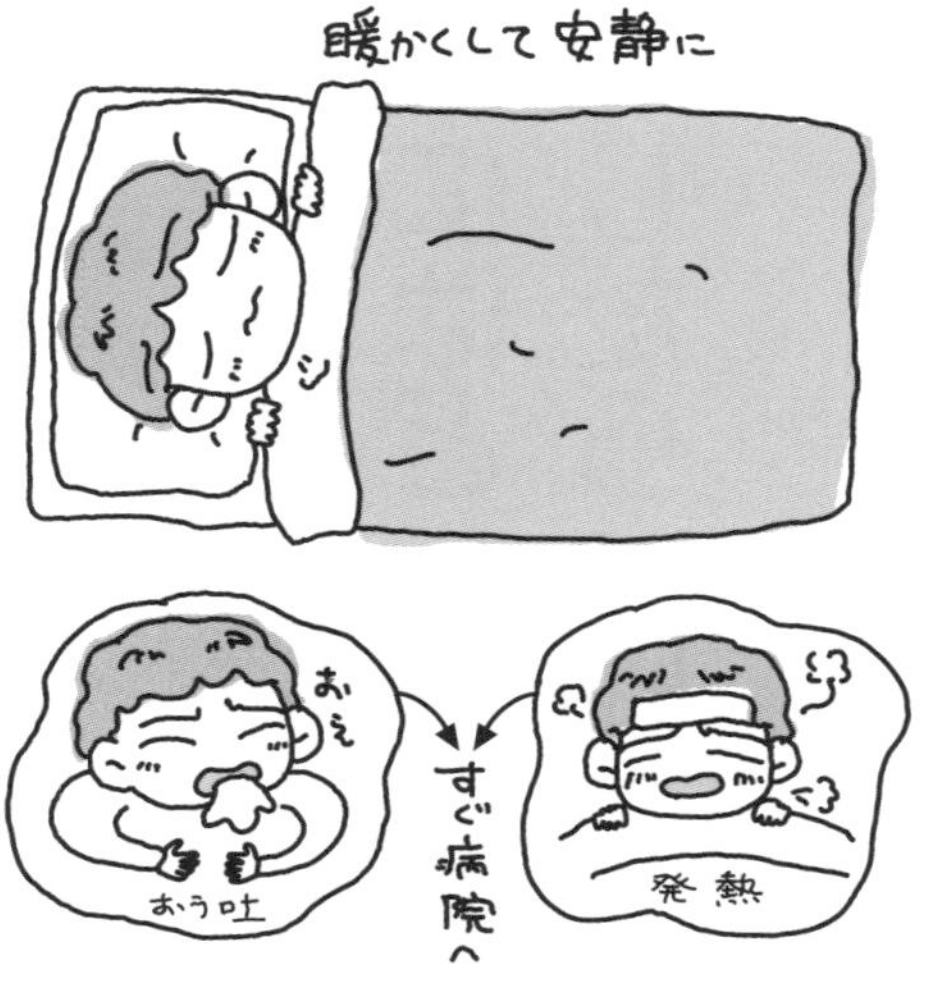

ふつうの下痢は安静にしていれば１～２日で治まります。しかし発熱やおう吐がある場合は必ず病院へ行きましょう。

下痢のときは水分補給が大切です！

脱水症状を併発しないためにも適切な水分補給が大切です。

食中毒にも注意！

炎天下の車の中に食べ物を置きっぱなしにしない。スポーツドリンクを入れるジャグはいつも清潔に！

海外旅行から帰って下痢になったら…

衛生状態の悪い地域に行って下痢になったら、まずお医者さんに診てもらおう。

かぜを予防するためにはどんな食事をしたらいいの？

かぜに対する抵抗力《ていこうりょく》をつけよう

本格的な冬になると、かぜでクラブや学校を休む児童・生徒も増えているのではないでしょうか。かぜの原因はおもにのどや鼻の粘膜《ねんまく》にウイルスが付着して感染《かんせん》することです。そのため、かぜ予防としては、粘膜を強化してかぜに対する抵抗力やかぜのウイルスをやっつける免疫力《めんえきりょく》をアップさせることが必要です。食事では、抗酸化《こうさんか》ビタミンとよばれるビタミンA、ビタミンC、ビタミンEにかぜに対する抵抗力や免疫力をアップさせる働きがあります。冬に旬《しゅん》を迎えるほうれん草にはビタミンA、みかんにはビタミンCが豊富です。ビタミンEはかぼちゃや植物油に多く含まれています。かぜ予防の3つのビタミンをまとめて「ビタミンACE（エース）」と覚え、野菜や果物を積極的に食べましょ

う。

体を温めよう

かぜ予防のためには体を冷やさないことも大切です。無理な薄着《うすぎ》はしないで適切な衣服を着用して体温調節したり、運動後には汗《あせ》をすぐにふく、衣類を着替《が》えるといったことを心がけましょう。食事ではたんぱく質不足にならないようにします。たんぱく質には体を温める強い作用を持つだけでなく、体の免疫《めんえき》に関与《かんよ》する細胞《さいぼう》や免疫機能《めんえききのう》そのものを強化する作用があります。そして、体を温めるためには温かく食べられる食事にしましょう。漢医学では、ねぎやしょうがに体を温める作用があるといわれ、古くからかぜ対策《たいさく》に使われてきました。かぜ対策メニューとしておすすめなのは、ビタミンやたんぱく質源《げん》である野菜・肉・魚・豆腐《とうふ》をまとめてとることができる、ホカホカの鍋料理です。

手洗いとうがい、規則正しい生活も大切

どんなに食生活や衣類などに気をつけていても、冬の寒く乾燥《かんそう》した空気の中にはたくさんのかぜウイルスがいて、体の中に入っていこうとします。そのため、まずはマスクをして粘膜にウイルスを寄せ付けないようにし、粘膜に付着したウイルスを体外に出してしまいましょう。そのために有効なのはせっけんを使ったていねいな手洗いとうがいです。これまでも当たり前のようにいわれてきたこ

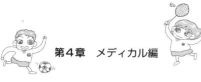

とですが、実行していない選手も少なくないようです。また、疲労《ひろう》の蓄積《ちくせき》も体の抵抗力をダウンさせますので、夜ふかししないで早めの就寝《しゅうしん》を心がけましょう。

「ビタミン ACE（エース）」で抵抗力をつけよう！

かぜ予防には粘膜を強化して、抵抗力をアップさせることが必要です。食事では、抗酸化ビタミンとよばれるビタミン A、C、E を多く含む野菜や果物、魚類などを積極的に食べましょう。

冬が旬の食べ物には、「ビタミン ACE」が豊富！

ほうれん草にはビタミン A、みかんにはビタミン C が豊富です。ビタミン E はかぼちゃに多くあります。ビタミン ACE を冬においしい食べ物からとりましょう。

体を温めよう！

体を冷やさないことも大切です。食事では、たんぱく質不足にならないようにします。たんぱく質源の野菜・肉・魚・豆腐をとれる、ホカホカの鍋料理は冬のおすすめです。

手洗いとうがい、規則正しい生活も大切！

かぜの予防の第一はウイルスを体内に入れないこと。そのために有効なのは手洗いとうがいです。疲労の蓄積も抵抗力をダウンさせるので、早めの就寝を心がけましょう。

食べすぎると、どうして胃がもたれたり気持ち悪くなったりするの？

調子にのって食べすぎてしまうと…

学校では夏休み、冬休みの長期休暇があります。とくに冬休みはイベント続きです。クリスマスに大みそかの年越《としこ》しそば、お正月のお雑煮《ぞうに》とおせち料理…。ごちそうもいっぱい食べられます。でも、調子にのって食べすぎると後で痛《いた》い目にあいます。

口から入った食べ物は、食道を経て胃にやってきます。胃に入った食べ物は、胃液と混じり合って消化され、おかゆのようなどろどろした状態になって十二指腸へと送られます。しかし、よくかまないで固まりのまま、硬《かた》いままで食べ物を飲み込《こ》んでしまったり、脂質《ししつ》の多い食事をとったり、一度にたくさんの食べ物を食べたりすると、胃で消化するのに時間がかかります。さらに胃の内容物を十二

指腸へと送る力も弱くなってしまいます。このようなことが原因で、胃に食べ物が長くとどまっているときに感じるのが「胃もたれ」です。胃がもたれると気持ち悪くなったり、食欲《しょくよく》がなくなって、体の調子が悪くなってしまいます。

食べすぎで胃の調子が悪くなってしまったら？

炒め物や揚《あ》げ物など、油を使った料理や脂質の多い肉などの食べ物は消化が悪く、胃に負担《ふたん》がかかるので避《さ》けるようにしましょう。塩辛《しおから》いものや香辛料《こうしんりょう》などの刺激物《しげきぶつ》も胃の粘膜《ねんまく》が直接刺激を受けるだけでなく、胃酸の分泌《ぶんぴつ》を促進《そくしん》するので避けます。また、極端《きょくたん》に熱いものや冷たいものも胃の負担になります。たんぱく質は脂質の多い肉や魚を避けて、鶏《とり》のささ身や豆腐《とうふ》、白身魚からとるとよいですね。野菜はゆでたり煮《に》たりして、軟《やわ》らかい状態にして食べるとよいでしょう。

「胃の調子が悪いから」「食欲がないから…」と食事を抜《ぬ》く人がいますが、これでは胃が空っぽの時間が長くなるため、かえって胃が荒《あ》れる原因となります。しかも1日3回の食事が2回に減るので、その分1回に食べる量が増えてしまい、さらに胃の負担となります。1日3食にこだわらず、少量を5～6回に分けて食べるのが理想的です。そしてよくかんで食べること。よくかむほど、食べ物が細かくなり、だ液と混ざり合って胃の中で消化しやすい状態になります。

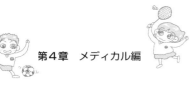

冬休みの生活で気をつけることは?

年末からお正月にかけては、クリスマス、年越しそば、おせち料理と、食べすぎの機会が増え、さらに運動不足が加わります。また、おせち料理、新年会と続くメニューには、どうしても新鮮《しんせん》な野菜が不足しがちです。野菜に多く含《ふく》まれるビタミンやミネラル（無機質）、食物繊維《しょくもつせんい》が不足するため、体がだるくなったり、便秘《べんぴ》などの悪影響《あくえいきょう》が出てきます。よい体調を維持《いじ》するためにも、お雑煮に野菜をたっぷり入れる工夫をしたり、果物と乳製品を忘《わす》れずにとるようにしましょう。

また、お正月やクリスマスには親戚《しんせき》や友だち同士で集まることもあると思います。そこでお酒を勧《すす》められても必ず断るようにしてください。ほんの少しの飲酒でも、未成年のみなさんは大人に比べて急性アルコール中毒になりやすく、とても危険《きけん》です。

ごちそういっぱいの冬休み 食べすぎに注意しよう！

一度にたくさんのものを食べすぎると消化に時間がかかり「胃もたれ」を起こします。

食欲がないからといって 食事を抜くのはよくない！

食欲がないからと食事を抜くと、胃がかえって荒れます。１日３食にこだわらず、少量をよくかみ、５～６回に分けて食べましょう。

休み中、野菜や果物、乳製品を とってよい体調を維持しよう！

油を使った料理や肉などを食べる機会の多くなるこの時期にこそ、野菜や果物、乳製品を忘れずに食べましょう。

お酒は絶対にダメ！

子どもは大人に比べて急性アルコール中毒になりやすくとても危険です。お酒を勧められても必ず断りましょう。

付 録

6つの食品《しょくひん》群《ぐん》

～栄養素のはたらきによる食品のグループ分け～

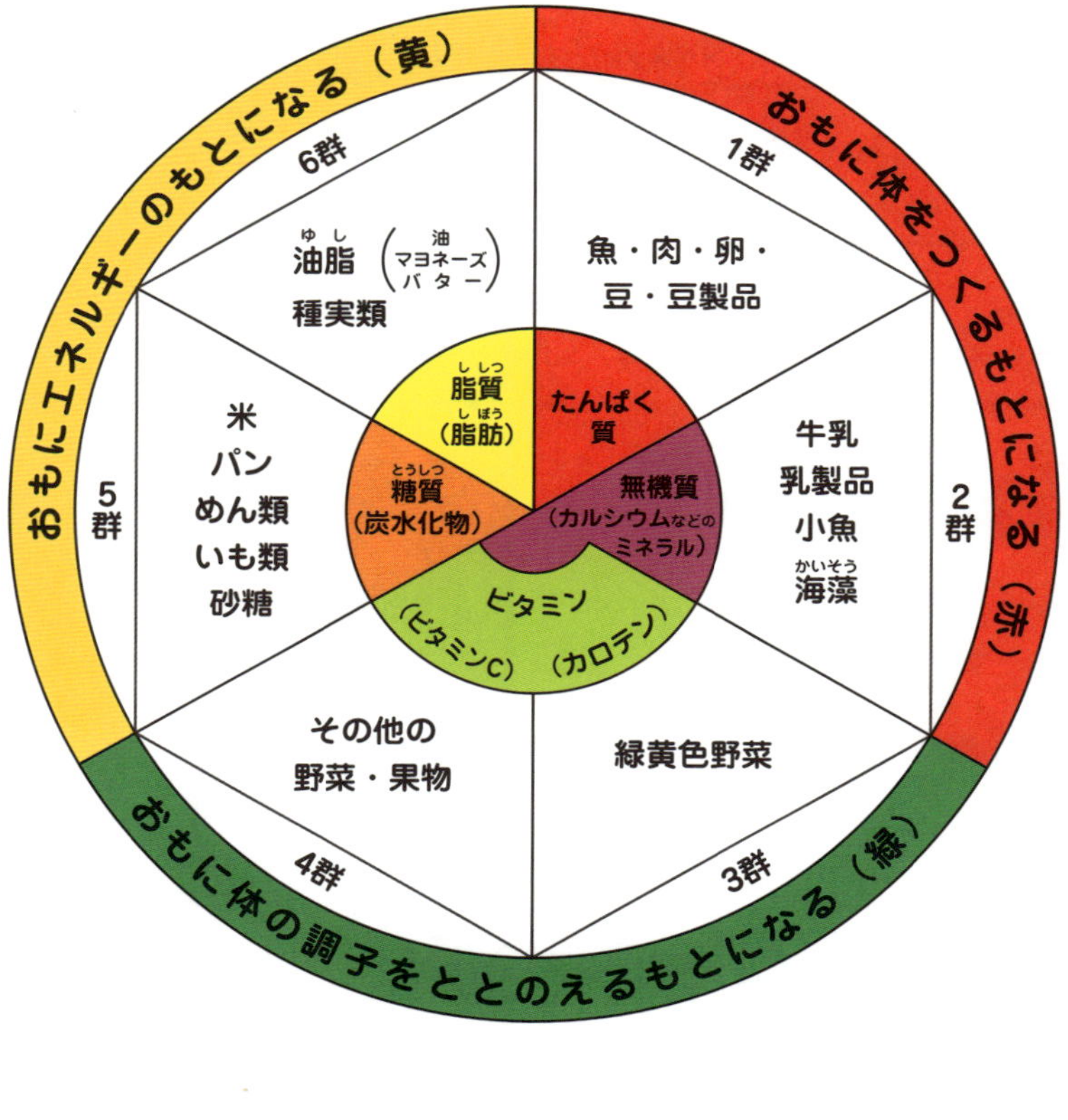

※中央の円の中の栄養素はそれぞれの食品群に含まれる
おもな栄養素を表します。

あとがき

　オープンキャンパスで大学を訪れる高校生に、栄養士や栄養教諭を志望した理由を尋ねると、必ず数人は「部活を通して食事の大切さを知ったから」「『運動後30分以内に食べるとよい』と顧問の先生に教えてもらってから栄養学に興味をもった」と答え、スポーツ選手へのアドバイスができる栄養士や栄養教諭になりたいと話してくれる。

　私が管理栄養士になりたいという希望をもって大学に入学した十数年前、「スポーツ栄養」という言葉はまだ栄養士の間やその養成大学においてすら浸透していなかったし、もちろん大学のカリキュラムにもスポーツ栄養の講義はなかった。

　今、スポーツ栄養の講習会があちこちで開催され、選手自身や指導者はもちろんのこと、選手の保護者や配偶者まで、スポーツ選手の食事や栄養に非常に高い関心を持っているのを実感する。十数年前と比べ、何よりもスポーツ指導者が栄養学に関心を持つようになり、時代は変わったなと感じる。その一方で、今の大学生にスポーツ栄養の話をすると「このような話は中学生や高校生のころ、いやもっと早く、スポーツ少年団にいた小学生のころに聞きたかった」という感想が返ってくることがあり、スポーツ栄養はまだまだ成長期のジュニア選手には浸透していないのだなと感じる。

そんな現実を見据えながら、小中学生の成長期の選手には、まずスポーツ選手としての基本的な正しい食習慣を身に付けること、そして毎日の積み重ねが強いからだ作りにつながること、さらには正しい情報を自分で選択することが大事だということを伝えたく、「食育」ということを常に念頭に置きながら執筆したつもりだ。本書の内容がそうしたジュニア選手たちの食育に少しでも役に立てば幸いである。

月刊『食育フォーラム』（健学社刊）に連載中は、結婚して姓も変わり、また博士論文の仕上げ時期にも重なって、一時執筆が困難になってしまったこともあったが、健学社社長の細井健司氏、また担当の吉田賢一氏にはいろいろとご配慮をいただき、無事に3年間の連載を終えることができた。この場を借りてお礼を申し上げたい。またお世話になった健学社のスタッフの方々や、毎月楽しくて的確なイラストを描いていただいた日南田淳子さん、そして連載を通して、さまざまなコメントをくださった読者の皆さまに深く感謝いたします。

平成21年7月

矢口（田中）友理

新版へのあとがき

月刊『食育フォーラム』で「それいけ！子どものスポーツ栄養学」の連載が終わり、書籍として出版されてから約10年の歳月が流れた。この間、本書をご愛読いただいた読者のみなさまに厚く御礼申し上げます。

本書は「ジュニア選手への食育」をモットーに、ジュニア選手の食事生活の基礎を小学校高学年～中学生選手でもわかるように平易な言葉で解説するよう努めて執筆した。基礎的な内容なので、初版より大幅な変更はしていないが、読者からの「学校での指導資料やおたよりに使いたいので、イラストのデータ、できたらそのカラー版もほしい」というご要望にもお応えし、今回、新版として出版する運びとなった。本書が今後もジュニア選手や保護者、スポーツ指導者、栄養教諭・学校栄養職員、養護教諭、そして多くの先生方のスポーツ栄養学の入門書としてお役に立てれば幸いである。

最後に健学社・現社長の細井裕美氏、連載時よりお世話になっている担当の吉田賢一氏、イラストを一点一点、彩色・描き直しをしてくださった日南田淳子氏、CD－ROM製作では高根澤ルリ氏にお世話になりました。感謝申し上げます。

矢口（田中）友理

平成30年7月

矢口(田中) 友理（やぐち ゆり）

◎著者プロフィール

静岡県生まれ。1998 年、高知女子大学家政学部食物栄養学科卒。2000 年、筑波大学大学院体育研究科健康教育学専攻修了。2008 年、山形大学大学院医学系研究科生命環境医科学専攻修了、博士（医科学）。2000 年、シダックスフードサービス株式会社入社。管理栄養士として病院・老人施設などで勤務しながら、社内栄養士有志でつくるスポーツ栄養部会に参加、女子スポーツ選手の栄養調査などを行う。2003 年8月より山形県立米沢女子短期大学健康栄養学科助手。2007 年より山形大学地域教育文化学部生活総合学科食環境デザインコース助教。2012 年、学部改組により地域教育文化学部文化創生コース助教、2020 年から准教授。大学での研究・指導の傍ら、山形県内を中心にスポーツクラブチームなどでの子どもたちへの栄養指導、食事調査を行っている。

健学社 KENGAKUSHA

新版
それいけ! 子どものスポーツ栄養学

2009年 7月25日　初版発行 ～ 第2刷
2018年 8月25日　新版（第2版）第1刷
2021年12月25日　第2刷発行

著　者　矢口 友理

発行者　細井 裕美
発行所　株式会社 健学社
〒102-0071
東京都千代田区富士見1-5-8　大新京ビル
TEL　(03)3222-0557
FAX　(03)3262-2615
URL　http://www.kengaku.com

イラスト　日南田淳子
CD-ROM製作補助　高根澤ルリ

印刷・製本／シナノ印刷株式会社

ISBN 978-4-7797-0472-7 C2025
NDC 780　160p　210×148mm

CD-ROM INDEX

※イラスト下の文章部分は表示していません。

P59

P63

P67

P71

P75

P79

P83

P87

P91

P95

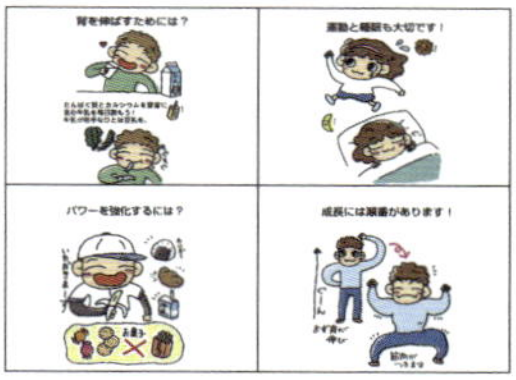
P101

P105

P109

P115・116

P119

P123

P127

P131

P137

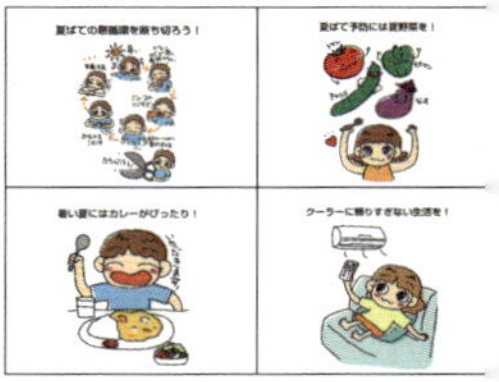
P141

P145

P149

P153

MC（キャラクター）

付属 CD-ROM について

Microsoft 社の PowerPoint（.pptx）で作成しています。

・フォルダは章ごと、ファイル名は本書の該当ページ番号になっています。章節末のイラスト付きまとめが画像データで収められています。
・ファイル名後ろの「BW」は「白黒・ルビ付き」、「C4」は「カラー・ルビ」なしです。
・文章も画像データになっています。コピー＆ペーストして入れ替えができます。Word へもコピー＆ペーストできます。

ルビあり

P11BW

ルビなし
（難読漢字除く）

P11C4

【ご使用にあたって】

弊社は本製品についていかなる保証も行いません。また、ご使用されてのいかなる障害・事故に対しても一切責任を負いません。公序良俗に反する目的での使用、その他の法律に反する使用はできません。収録データの販売、頒布、貸与はしないでください。悪質な違反には法的な対抗措置をとります。
本製品の入った CD－ROM 袋を開封しますと、上記内容を了解・承諾したものと判断します。

CD-ROM INDEX

※イラスト下の文章部分は表示していません。

P11

P15

P17

P21

P25

P29

P33

P37

P41

P45

P49

P55